# 決定版・日本史［女性編］

渡部昇一
Shoichi Watanabe

新装版

# 東大流・日本史「攻略」

# まえがき

今から四十年前、アメリカに行った時、その数年前に出版されたベティ・フリダンの『フェミニン・ミスティーク』（邦題・新しい女性の創造）が話題になっていたのみならず、その本はウーマン・リブ運動が起こるきっかけとして社会的動力源になっていた。

その頃、私は初めてアメリカのペーパーバックの厚い小説を読む楽しみを覚えた。たしか、ミズーリの大学の独身者用教員住宅でハーマン・ウォークのベストセラー小説『マジョリー・モーニングスター』を読んで興奮した時と、フリダンの本と出会った時がほぼ同じだったので、両方の本の意味がよくわかった気がした。

マジョリーはユダヤ系の家の娘である。そして才能ある男性を憧れるが、後に典型的な郊外住宅の奥様になる。これはベトナム戦争が始まる前のアメリカの極盛期に成功した中産階級になった女性の姿だ。

この外見的、物質的には言うことなしに成功した中産郊外族の女性の中に、何かしら満たされぬ不満があったことは、最近評判になったアメリカ映画『レボリューショナリー・

ロード』（邦題・燃え尽きるまで）でも描かれている。マジョリー・モーニングスターが入った中産郊外族の主婦のような人たちの不満をえぐり出したその人が、フリダンだったのである。

フリダンはスミス・カレッジというアメリカの名門女子大学（セブン・シスターズの一つ）を卒業した同級生が、卒業後約二十年経った頃に、どのように感じているかについて調査した。そして、高い教育を受けた女性たちの大部分が、自分の人生の意味、自分というもののアイデンティティを夫や子供を通じてしか見出せないようになっている社会制度の犠牲者であることを発見したのである。

この本は巨大な影響力を発揮した。フリダンはＮＯＷ（the National Organization for Women 全米女性機構）を指導し、その後のアメリカの社会を、従って日本の社会をも変えることになったのである。

女性の社会進出は二十世紀後半以降の世界的大事件であり、フリダンの著書を「二十世紀の最も影響力のあったノンフィクションの一つ」と彼女が亡くなった時、ニューヨーク・タイムズは書いた。

確かにフリダンの始めたウーマン・リブ運動（Women's Liberation Movement）は過

激であった。幼児教育書で有名なスポック博士も、その著書が女性のアイデンティティを家庭に置くものであると批判され、講演活動もウーマン・リブに物理的に妨害されてできなくなったのである。それで彼はウーマン・リブのリーダー格の美女と結婚することになった。これは私が彼の口から直接聞いた話である。

このベティ・フリダンを筑波大学で開催した国際シンポジウムに招くことになった。故・福田信之副学長と松田義幸教授（現・尚美学園大学学長・理事長）が中心になって発案されたことであった。この時、私はウーマン・リブの理念が、日本では通用しないように思っていたので、フリダン女史に直接質問した。

「あなたの主張は、キリスト教・ユダヤ教を信ずれば、宗教的にはバイブルに反しているし、進化論を信ずれば、生物学的に人類五十万年の歴史に反している。これをどう思われるか」

フリダン女史は旧姓がゴールドスタインであるから、ユダヤ系の人だと私は推定していた。ユダヤ教なら男尊女卑だ。進化論で言うなら、男が妊娠・授乳できない以上、男女の別は疑うべくもない。この私の意地悪（?）な質問に対するフリダン女史の答えは見事でもあり、意外でもあった。

「ウーマン・リブ運動は、確かにはじめは男性を敵とする運動でした。しかしそれは第一段階のことでした。今は男と女は協同してやってゆくという第二段階です」

もうアメリカでは第二段階に入っているというのだが、彼女は筑波会議のシンポジウムでは第一段階のウーマン・リブの主張をしていた。日本の女性は遅れていると思ったのかもしれないが、それには憤慨する日本の女性もいた。

その時、私が思ったのは、ウーマン・リブが達したという第二段階に日本は神代から到達していたのではないか、ということである。

キリスト教でもイスラム教でも、ユダヤ人の聖典である旧約聖書を聖典としている。ここには神様が最初に造られたのはアダムという男であり、そのアダムを慰めるためにイブをアダムの肋骨から造ったと書いてある。しかし、そのイブは、アダムにすすめて禁断のりんごを食べさせて楽園追放の原因をつくったことになっている。

一神教の根本聖典を素直に解釈すれば、女は男に従属する者であり、男の堕落のもとになる者である。そう考えると、この聖典に最も忠実に従っているのは、一神教の中でも、イスラムなのではないかとも思われてくる。

これに反して、日本では最初から男女は支配関係ではなく相補関係であった。日本の国造り神話は男女共同作業だ。しいて言えば、男が最初に女を誘うという順序があるだけである。しかも、日本の神話では、女神が皇室の先祖神であるが、神話時代以後では男系が天皇になる。男と女の関係は一方的でないということが、神話の時代から日本人の意識、あるいは潜在意識の中にある。平和であれば、女性文化という世界に類のない平安時代もあるし、戦争が多く、武家の時代になった時も、幕府をつくるのに男の頼朝に劣らぬ働きをした北条政子もいた。

争いが多かったり、また避妊薬や電気器具等の便利なものの発明がなかった時代の「家事」の重要性は今の人には想像がつかないほどのものであったから、女性の家庭外での働く場は極めて限られていた。

しかし、日本では宗教的に（神話の時代から）、女性を蔑視する根拠がなかった。儒学にはそれがあり、儒学の強いところでは女卑思想が現れたが、土壌としての日本社会は一神教や儒教の国とは違っていた。

ウーマン・リブが盛んになって、日本でも先鋭な運動が流行するかとも思われたが、そうはならなかった。大部分の家庭では、主婦がウーマン・リブ的に解放されることを望んでいなかったからであろう。初めから日本の社会は、フリダン女史の第二段階、ひょっとしたら第三段階（これについては彼女は言及していない）に入りやすい人間観を共有していたのではなかろうか。

だいぶ前に、私が日本の古代や中世の歴史を書いた時（『日本史から見た日本人』古代編・中世編）、そこに出てくる女性の中に、特に高貴な階級や武家社会で、悪女というものが見当たらないことに新鮮さを感じた記憶がある。シナの歴史やローマの歴史などを読めば、日本では考えられないような身分の高い悪女、しかも凶悪な女がしばしば出てくる。日本にそれがないのはなぜなのか。

考えれば、自分が育つ時、母も祖母も姉たちも、限りなくやさしい人たちだった。親類の伯母たちも従姉妹たちもそうであった。それで私は西洋によくあるらしいミソジニスト（misogynist 女嫌い）になる可能性がまったくなく育った。

そういう私に日本女性の歴史を書くことをすすめて下さったのは育鵬社の真部栄一氏と大越昌宏氏である。取り上げるべき女性を選ぶに当たって、また原稿の整理に当たっては大越氏の協力を得た。両氏に深く感謝する次第である。

平成二十一年四月、公園の若葉を見ながら

渡部　昇一

# 目次

## 第三章　徳川時代のファーストレディーたち——近世なでしこ編

## 第四章　近代日本の歴史に咲いた多彩な花――近代なでしこ編

本書は二〇〇九年六月に弊社から発行した
『なでしこ日本史』を改題したものです。

# 第一章　原始より日本女性は太陽だった

## ——古代なでしこ編

# 1 日本の男と女は上下ではなく〝陰陽〟の相補関係――イザナミノミコト

**イザナミノミコト（いざなみのみこと）** 伊弉冉尊、伊邪那美命。別名黄泉大神（よもつおおみかみ）、道敷大神（ちしきのおおみかみ）。『古事記（こじき）』『日本書紀（にほんしょき）』などに記される日本神話の女神。イザナギノミコトの妻。国づくりの後に神づくりに励むが、火の神カグツチを産む際に亡くなってしまう。夫のイザナギノミコトが黄泉（よみ）の国まで逢いにきたものの、約束を破って自分の醜い姿を見たので、怒り狂って喧嘩別れする。これが日本の夫婦喧嘩のルーツとされている。

## ●海洋民族国家・日本を示唆する神話

世界中の多くの国々には、その国の草創にかかわるような神話が存在する。そして、そこに登場する神々には、男性の神様もいれば、女性の神様もいる。だが、日本の神話では、インドやゲルマンの神話と同じように、原始的で神聖なるものについては男女の区別がなかった。

たとえば、アメノミナカヌシノミコトから何代かは独神であるとされ、神様には男女の区別がなかった。イザナギノミコト、イザナミノミコトが登場する神話になってはじめて、男女の区別がなされるようになったのである。

インドの神話においては、はじめは男女の区別がない金の卵のようなものが二つに割れて男女になったとされている。また、ゲルマン神話では、男女の区別のない原素神が割れて、天は男、地は女になったから、ドイツ語で天は男性名詞、地は女性名詞であるといわれている。古代ギリシアの哲学者プラトンも性別に関して、はじめは男女の区別のないものが割れて、男女に分かれて、お互いが恋い慕いあうようになった、そこに働く力がエロスであると述べている。

日本の神話では、男神と女神が現れたという形になっている。イザナギノミコトとイザナミノミコトのお二人の神様が天の浮橋に降り立ち、天の沼矛で海を搔き回し、剣の先から潮が滴り落ちたところが日本の島となったという神話と結びつく。男女交合の方法を鶺鴒から学んだなどというくだりもあるのだが、この神話で私がとりわけ強調したい点は、「日本は島国であった」という意識を強烈に持っているということである。日本の神話を記した『日本書紀』あるいは『古事記』でも同じことがいえる。

これは戦後一時期に流行った民族学者・江上波夫氏の「騎馬民族説」とは相容れないものである。江上氏の仮説は、大和朝廷の創始が東北アジアの騎馬民族辰王朝により達成されたというものであるが、騎馬民族が昔の日本をぐるりと回って、日本が島国であることを知りようがない。

翻って、この神話を残した人たちは、船で日本を回り、日本が島であることを知っていたわけで、日本が海洋民族国家であったことを示唆している。

騎馬民族説では、大陸と同じものが日本にもさまざま見つかっているからという考古学的な根拠を展開しているのだが、それならば、正倉院は東ローマ帝国のものも所蔵しているから、到底証拠にはなり得ない。

## ●本居宣長説に賛成

繰り返すが、この何気ない神話から、日本の国のはじまりの基本的な概念が示されており、そこがきわめて重要だと思う。

さらに、男神と女神がセックスを行った話からはじまっているということにも注目すべきであろう。セックスの話をすることを嫌がる人もいるが、古代日本のような素朴な社会においては、セックスについては開けっぴろげに、平気で話したものだと思っている。

山形県の鶴岡で育った私の子供時代の記憶にも、それに類したものがある。私は幼い頃、祖母のもとで育った。祖母は文明開化にはまったく浴さず、朝日連峰の端の村に生まれ育ち、学校にも行かなかった。目が悪かったから文字も読まずに伝承だけで生きてきたわけだが、祖母は今なら活字にできないような話を、平気で孫の私に話してくれたものだ。

それから、「無為自然」の思想で知られる老子についても、二松学舎の学長をされた加藤常賢博士は、「みな小難しいことを言っているけれども、あれの要点はセックスの話」と解釈されていた。

したがって、『古事記』でイザナギノミコト、イザナミノミコトが鶺鴒の尾の動作を見て男女結合の方法を習得したことなどについても、当時としてはごく自然な感じで話されたのであろう。

イザナギノミコト、イザナミノミコトの名前の由来については諸説あるのだが、私はやはり江戸時代の国学者・本居宣長の「誘う」からきたのだという説が正しいと思う。

## ●国産みの物語が表す男女の相補原理

誘う男と誘う女、それは『古事記』を読めばわかるが、天の御柱を回りながら、最初は女神のイザナミノミコトのほうから「あなにやし、えをとこを」（ああ美しい、いい男よ）と声かけをして、男女の営みを行ったところ、まともな子供（島）を授からなかった。

嘆き悲しんだ二人は、彼らの上の位の神である大神の天津神（あまつかみ）に助言を求めた。すると天津神から、「それは女が先に誘ったからだ」と諭（さと）された。

そこで次は男神のイザナギノミコトのほうが「あなにやし、えをとめを」（ああ美しい、いい女よ）と声かけをしてから結ばれると、果たして今度はきちんとした子供を授かり、それにより日本を形成する八つの島が生まれた。

これがいわゆる「国産み」の物語なのだが、ここに明瞭に表れているのは「男女の相補原理」である。男神の体の一部に突出部があり、女神の体の一部に陥欠部があり、これを相補することによって国が生ずるという思想である。男と女の関係は、〝陰陽〟の関係で、どちらか一つだけでは国は生じない。

こうした日本の神話と対照的なのが旧約聖書である。ユダヤ人にとって、男神のアダムは、神によって創造されたものだが、女神であるイブは、アダムの肋骨からつくられたことになっている。しかも、アダムが一人で寂しそうにしていたので、神様が、アダムを慰める者としてイブをつくったと書いてあるのだ。これは、男女の関係において、男性の絶対優位と女性の絶対服従が、神話（あるいは神典）によって確定されたことを意味している。これは、日本における「男女の相補原理」とは決定的に違っている。

生物学的に明快な形で「男女の相補性」を説く日本の神話が、日本人の人間観、男女観に与えてきた影響は計り知れない。日本の神話に、男尊女卑の考え方がなかったことが、大和撫子（やまとなでしこ）たちの活躍につながっているのである。

ともあれこのイザナギノミコト、イザナミノミコトの物語で実社会において参考になるのは、二人のその後についてかもしれない。

イザナミノミコトが火の神、カグツチを産んだ時に陰部に火傷（やけど）をして、黄泉（よみ）の国へと去った。イザナミノミコトは黄泉の国の食事をしたために、現世に戻れなくなっていた。妻恋しさに黄泉の国まで来ていたイザナギノミコトに、「私の姿を見ないでください」とイザナミノミコトは懇願したが、イザナギノミコトは辛抱できずに見てしまう。

すると、イザナミノミコトの体は腐乱したうえに虫がわいており、体の八か所に雷が座っていたのである。

約束を破られ、見られたくない姿を見られてしまったイザナミノミコトは激怒し、「よくも恥をかかせてくれたな」と、凄(すさ)まじい形相で、恐怖するイザナギノミコトを追いかけてきた。イザナミノミコトが「お前がつくった国の人間を毎日千人殺してやるぞ」と罵(ののし)ると、イザナギノミコトは「それならば、私は毎日千五百の子供をつくってみせよう」と罵り返し、これが日本初の夫婦喧嘩(げんか)といわれている。

そのあたりはいかにも神話らしいのだが、「女性が見られたくないところを男性は見るべきではない」との教訓は、胸に刻んでおいたほうが賢明であろう。

## 2 日本の〝元祖・太陽〟は機織の仕事を持った女神――天照大神

**天照大神（あまてらすおおみかみ）** イザナギノミコトの娘。高天原（たかまがはら）の主神。黄泉の国から戻ってきたイザナギノミコトが禊（みそぎ）をして生まれた三貴神の一柱。天の岩戸（あまのいわと）伝説で広く知られる太陽神。日の神と仰がれ、現在は伊勢の皇大神宮に祀られている。天の岩戸伝説に登場する三種の神器の一つ、八咫鏡（やたのかがみ）も伊勢神宮に祀られる。天照大神を祀る神社は神明社、皇大神宮など全国に約一万八千社あるといわれる。

### ●母系社会の最後の記憶

このイザナギノミコト、イザナミノミコトは天照大神（あまてらすおおみかみ）のご両親でもあるのだが、先祖神としてはあまり盛大に祀（まつ）られなかった。淡路島にあるイザナギ神宮が第一級の一品神社に格上げされたのは清和（せいわ）天皇の貞観（じょうがん）元年、すなわち紀元八五九年と非常に遅い時期であったからである。

これを考えると、やはりイザナギノミコト、イザナミノミコトとはずっと古い神話の時代の存在であるという意識が『古事記』『日本書紀』を書いた人たちの心持ちの中にもかなり強くあったと推察される。皇室との血縁関係を感じるまでには至らないような昔の話として受け止められていたのではないだろうか。

『古事記』『日本書紀』を書く際には登場する神々を順番で考えることから、どうしても天照大神の親のような書き方になるけれど、感覚として親ではなかったのかもしれない。

加えて、イザナギノミコト、イザナミノミコトの話で重要なのは、男女の営みに至る際、基本的に双方が誘い合うわけだから、〝男女同権〟であったということである。ただし、男のほうがイニシアティブを取るほうが結果よしと教示している。「国産み」も男女の行為によって行われたのであるから、男女の相補関係――鍵と錠の関係――が見られる。性別のない神（男として扱われるのが常だが）が天地を創造したのとは違う。

天照大神に戻ると、この神様が先祖神とされるのは、当時の、『古事記』や『日本書紀』ができた頃の記憶としても、まだ母系社会の記憶があったのではないかと思われる。母系社会であれば、やはり、母としての神の意識が非常に強かったのではないだろうか。

世界史をひもとくと、文明国になった国の初期、黎明期は母系社会だったと考えられる。

だから、ギリシアにせよ古代はアマゾン（女丈夫）の世界があり、女性のほうが強い時代もあったとする伝説は存在するのだが、その後は必ず父系社会に変化を遂げていく。

近代においても、未開のジャングルの中には母系社会がまだ残っているところもあると伝えられるが、一般的に我々が認める文明国家とは、すべていつの時からか男性がイニシアティブを取っている。従って、日本国においても、母系社会の最後の記憶が天照大神にあったのではないかと思われる。

## ●仕事をもっていた女神

正規の神話の時代、いわゆる神代が終わり人間の時代になると、天照大神の孫ニニギノミコトの天孫降臨からはじまり、その後は神武天皇からずっと男性が主体となった。これもやはり世界史的な人類学から見て自然だったのではないだろうか。

しかも、天照大神に関する神話は、今の大嘗祭や三種の神器と深く関係しており、それは日本文化の根底とも密接に関係しているのである。

たとえば、三種の神器のもとになる「天叢雲剣」の起源である。

天照大神の弟神であるスサノオノミコトが乱暴者で、天照大神が侍女たちと一緒に機織りをしているところに、馬の皮を剝いで投げ込んだ。それに驚いた侍女の一人が女陰を打って死ぬようなことをしでかしたことで、スサノオノミコトは神々の住まう天上界である高天原から追放されてしまう。

追われたスサノオノミコトは、出雲の国を荒らしていた大蛇ヤマタノオロチを退治し、その尻尾からすばらしい剣を見つけ出した。これが天叢雲剣で、今、三種の神器の一つとして熱田神宮（名古屋市）に祀られているわけである。

それから、スサノオノミコトが暴れた時に、天照大神は天の岩戸（天上界の岩穴の入り口の戸）を閉じて中に隠れてしまう。そこから出てもらうために岩戸の前で大玉串を捧げ、八尺瓊勾玉を飾り、八咫鏡を供えて神楽を行った。何かにぎやかで面白そうだと天照大神が覗いたところを、タヂカラオノミコトが岩戸を開けて、天照大神は再び外界に姿を現したのだった。

そのときに飾った勾玉と鏡、そして前述した天叢雲剣が三種の神器となる。三種の神器は皇室にとってはきわめて重要なもので、南北朝時代の争いなども三種の神器の取り合いであったと言ってよいだろう。そうした伝説と結びつく神様だからこそ、天照大神は一番強く先祖神として奉られているのだと思う。

このときの、今に伝えられた重要な事柄は、日本の神話で一番の中心となる女神が機を織っていたということである。これはソースティン・ヴェブレンの『有閑階級の理論』（一八九九年）という本で指摘されているが、普通の国においては、際立って階級の高い人は、絶対に手を動かしたりして働かなかったという。どこかの国の王様は、火事になって城が燃えて炎が迫ってきたけれど、椅子（いす）を除（の）ける役の者が椅子を除けなかったから焼け死んだという馬鹿な話もあるくらいだ。

ところが日本では、一番重要な女神が機織りという手仕事をして働いていた。その伝統がずっと続いていて、今でも皇后陛下は養蚕をやっておられる。こういう伝統はやはり、日本人の魂のどこかに残っているのではないだろうか。

そして、神武天皇がお生まれになるまでの間の系図を見て明らかなのは、一貫して海の神様と縁を結んでいることである。そのことからも、日本の先祖を騎馬民族とする説は誤りであると思われる。また、日本人の先祖が騎馬民族だとするならば、そのことが神話の中にも反映されていてしかるべきはずだが、日本の神話に、騎馬民族説を裏付けるような記述はない。

## 3 日本武尊のために命を捧げた究極の夫婦愛——弟橘姫

**弟橘姫（おとたちばなひめ　生没年不明）** 日本武尊の妻。穂積氏忍山宿禰の娘。武尊との間に稚武彦王をもうける。武尊の東国征伐に同行。焼津では難を逃れるが、海上で暴風雨に襲われる。夫の軽口が招いた海神の怒りを鎮めるため、海に身を投じて犠牲となる。七日後に海岸に流れ着いたといわれる弟橘姫の櫛は、千葉県の橘神社に祀られている。弟橘姫の事跡については、『日本書紀』の景行紀、『古事記』の中巻、『常陸国風土記』に記されている。

### ●東国征伐で敵の策略にはまる

弟橘姫は日本武尊の后。日本武尊は第十二代・景行天皇（在位七一～一三〇年）の息子で、日本各地に点在する服従を拒む者たちを征服し、大和朝廷の勢力を拡大した人物である。

大和朝廷に従わなかった熊襲、土蜘蛛、蝦夷などと呼ばれた人々を掃討してきた日本武尊だが、「今度は再び東国に向かえ」と天皇から命じられると、伊勢神宮を守っている叔母の倭姫命を訪ねて、「天皇は自分を殺すつもりではないか」と嘆いたという。

倭姫命は彼を元気づけるために、「これでもって頑張りなさい」と言って、剣と袋を渡した。その剣は先ほど述べたスサノオノミコトがヤマタノオロチの尻尾から見つけたという神剣・天叢雲剣である。

その時に倭姫命が若い甥に励ましの言葉として贈ったのが、「慎みて、な、怠りそ」という言葉であった。何事も慎んで、注意深くして、怠ることなかれ、というのである。これこそ、目上の叔母が与える忠告としては最高のものではないだろうか。

そして、日本武尊が東国征伐に向かったところ、道中で敵の計略にかかり、火攻めに遭って焼き殺されそうになった。その時に天叢雲剣で周囲の草を切り払い、同じく叔母から授けられた袋に入っていた火打ち道具で敵に向かい火を放って難を逃れた。

この神話から、戦場となった場所は、今の静岡県の焼津あたりとされ、『古事記』にも「焼遣（やきづ）」と記されている。

## ●究極の夫婦愛

焼き殺されそうになった時、火を払いながら、日本武尊は后の弟橘姫を後ろ手にかばい、「大丈夫か、大丈夫か」と声をかけた。懸命に自分を守ろうとしてくれた夫の姿が弟橘姫には頼もしくもあり、愛おしかった。

そうして間一髪の危機を脱出し、そこを征伐して現在の三浦半島から房総半島に船で渡ろうとした時に、今度は突然、暴風雨に襲われ、船が沈まんとする緊急事態に見舞われた。そこは距離的には割と狭い水道だったので、日本武尊は「一跨ぎで渡れる」と豪語して船に乗ったのだが、実は従来から妙な突風が吹く場所として恐れられていたのである。岡本綺堂の『半七捕物帖』にもこの場所をテーマにした話があるほどで、突如として雲が湧き、暴風が襲来することがあるという。

この時もきっとそれが起こったのではないかと思うのだが、当時の人のことだから、「海の神様が怒られたのだ、夫が海をなめた言葉を吐いたからに違いない」というふうに弟橘姫は解釈した。

「それでは自分が海の神様のお怒りを鎮めましょう。どうぞあなたはお役目をお果たしください」

そう言い残して、菅畳（すがだたみ）、皮畳、絹織りの畳を八枚ずつ投げ込み、最後に自らが海に飛び込んでしまった。

「さねさし　相模（さがむ）の小野に　燃ゆる火の　火中（ほなか）に立ちて　問ひし君はも」

そのときに弟橘姫が遺（のこ）した歌がこれである。「さねさし」は相模の枕詞（まくらことば）である。

これは焼津の火攻めに遭った際、あの時のあなた様は、猛火と格闘しながらも、「大丈夫か、大丈夫か」と私を振り向き振り向き、心配してくださいましたね。その思い出を抱いて自分はここに身を捧げますというような歌で、まことに純情というか、心動かされるものがある。

すると、暴風は収まり、船は向こう岸まで無事に渡ることができた。弟橘姫が自分の命を犠牲にして夫を救ったわけである。

そして、その七日後に征服した房総の地の海岸に弟橘姫の櫛（くし）が流れ着いたことから、今は千葉県の橘神社にその櫛が祀（まつ）られている。

この時の弟橘姫の思いにひどく感激した日本武尊は、東国の平定を終えて碓氷（うすい）峠から帰る途中、自分が歩んだ彼方を見渡し、「あずまはや（ああ、わが妻よ）」と言って嘆いたという。その方向がちょうど東のほうだったため、「ひがし」のことを「あずま（吾妻）」というようになったとされる。

日本語では、北は「きた・ほく」、南は「みなみ・なん」、西は「にし・せい」と二通りの読み方しかないが、東だけには「ひがし・とう・あずま」と三通りあるのはそのためと考えられる。

さらに、日本武尊が東国を「吾妻（あづま）」と呼んだという神話が、伝来の地名となり、今に伝わっていると考えられる。

神話というと、まったくの作り話であるように現代日本人は思ってしまうのだが、各地に残されている伝承や史跡は、史実につながる何らかの出来事がその地であったであろうことを雄弁に物語っていると思う。

## 4 「三韓征伐」の伝説を残す日本のジャンヌ・ダルク――神功皇后

**神功皇后（じんぐうこうごう　生没年不明）** 日本神話に登場する超人。仲哀天皇の皇后。『日本書紀』によると、本名は気長足姫。父は近江の開花天皇の曾孫・息長宿禰王、母は葛城高額媛。夫仲哀天皇の急死後、住吉神社の神託を受ける。身ごもったまま海軍を従えて朝鮮半島に出兵。新羅、高句麗、百済に朝貢を誓わせる。生まれた皇太子の摂政として五十年以上も執政を続けたと伝承される。

### ●戦わずしてひれ伏した新羅

神功皇后は第十四代・仲哀天皇（在位一九二～二〇〇年）の皇后だった。天皇の父親は言わずと知れた日本武尊である。

神功皇后は幼い時から聡く、賢しく、しかも稀に見る美貌の持ち主で、父親も不思議だと首を傾げるほどであったとされる。

二人が結婚した翌春、筑紫(つくし)の熊襲(くまそ)が朝貢(ちょうこう)しないことに怒った天皇が「熊襲を征伐しよう」と言った時、神功皇后は神託を受けて、「いや、熊襲よりも、その背後から熊襲をそそのかしている新羅(しらぎ)を討ったほうがいいのではないでしょうか」と進言した。

しかし、仲哀天皇は皇后の受けた神託に耳を貸さず熊襲征伐をしている途中で亡くなってしまう。

天皇の代理となった皇后は、髪を解き、頭に海の水を注いでこう言った。

「もしも自分の願いが真っ当であるならば、この髪が自ら二つに割れるであろう」

すると、見事にきれいに分かれたことから、新羅征伐を決意したという。

神功皇后は家来たちにこう告げた。

「もしも手柄が立てられれば、おまえたちの手柄である。もしも失敗すれば、罪はすべて自分にある」

そして、軍を従え対馬(つしま)を通って新羅に行くと、その勢いに恐れをなした新羅は、戦うことなく降伏した。新羅が降伏したのを見て、百済(くだら)、高句麗(こうくり)も神功皇后にひれ伏したという。

もちろんこれも神話時代の伝承にすぎないが、この話は、この頃から、対馬が日本に帰属していたことを物語っている。

最近では韓国が竹島のみならず対馬も自国のものだと言いはじめているが、冷徹に歴史をひもとけば、そのことがほとんど言いがかりに近いものであることがわかる。

しかも、その後の『日本書紀（にほんしょき）』の記述にもあるが、新羅は時々朝貢を、つまり、貢ぎ物を日本に持ってくることを怠った。『日本書紀』（巻第十四、大泊瀬幼武天皇（おおはつせのわかたけのすめらみこと）＝雄略天皇七年）の中に、「時に新羅、中國に事（つか）へまつらず」と記されている。

この一文は「新羅がシナに朝貢しなかった」という意味ではない。ここでいう「中國」とは日本を指している。伝統的な注釈では、ここの「中國」を「みかど」と読んでいるが、日本の朝廷であることに変わりはない。当時の日本は新羅からも百済からも貢ぎ物を贈られていた。ところが、この年、新羅が持ってこなかった。だから、『日本書紀』にそう記録されたのである。

そもそも「中国」という言葉は、本来「自分にとっていちばん大切な国」というニュアンスを有する。昔、シナの偉いお坊さんたちが「中国」というときは、インドのことだった。同様に、日本人が「中国」というときは自分の国をそう呼んだのだ。

従って、中華民国だとか、中華人民共和国の略語として中国を使うのは構わないけれど、中国文化史とか、中国文明史だとか、中国文学史などというのを、周や漢の頃から並べるのは馬鹿げていると思う。

その当時、仲哀天皇の種を宿していた神功皇后は、新羅に向かう途中に産気をもよおすが、彼女は石を帯の間に挟みこみ、「戦が終わってから産ませよ」と祈念し、産気を鎮めた。そして戦から日本に帰ってきた後に生まれたのが応神天皇であったから、応神天皇は胎中天皇（はらのうちにましますすめらみこと）と言われたこともあった。このご誕生の地は「宇美」と名付けられた。

この神功皇后の新羅遠征に際し、勝利の神託を授けていたのが住吉三神であったことから、その神恩に感謝し建てられたのが住吉神社の起こりである。

神功皇后を助けるのに、特に功績のあった人物は側近の武内宿禰であった。彼の名前は今ではあまり知られていないのだが、昔は一円札に刷られた白い髭を生やした老人としてよく知られていた。

## ●日本のジャンヌダルク

その後、新羅は抜け目なく、百済から日本への貢ぎ物を途中で抜いていた。それを知った日本は再び平定にかかり、朝鮮半島の七か国を平定したといわれている。

誰が平定したかは、シナや朝鮮半島の国々の記録には出ていない。ただ、好太王碑（こうたいおうひ）という碑があり、これは高句麗の広開土王（こうかいどおう）の業績を称えるために西暦四一四年に建てられた大きな碑で、今でも立っている。

ここには日本軍が平壌あたりまで来ていたことが記されていることから、七か国平定という話も、少なくとも西暦三九〇〜四〇〇年代にはあったらしい。それが神功皇后であったかどうかは、向こうは知るよしもないから詳しいことは書かれていない。

この碑はインチキだと、戦後、コリア人の学者などが主張したけれども、シナ人の学者のほうは認めてしまっている。どう読んでも、日本がその頃までに後の満洲（まんしゅう）国境あたりにまで来ていたことは明らかなのである。

ところで、神功皇后は、今は八幡宮に祀られている。平安時代には天智（てんじ）天皇、桓武（かんむ）天皇の陵（みささぎ）とともに大和（やまと）に祀られていたが、これは当時の記憶がまだ鮮明だったからであろう。

これは神功皇后が亡き仲哀天皇の遺志を継いで、偉業を達成したという話になる。

神功皇后があまりに偉い仕事をしたものだから、彼女を昔は天皇と数えた人もいたが、いろいろな記録から見ると、やはり天皇には即位していない。『大日本史』などにも皇后として出てくる。『日本書紀』の皇后に関する記事は『魏志倭人伝（ぎしわじんでん）』の卑弥呼（ひみこ）と重ねているところがある。

神功皇后の名は、救国の神託を受けて海外遠征の指揮を執った女傑として、戦前は教科書にも載るほどよく知られていた。

## 5 柿本人麻呂・山部赤人らと〝和歌三神〟と称された絶世の美女――衣通姫

**衣通姫（そとおりひめ　生没年不明）** 絶世の美女として伝承される女性。『日本書紀』によると、姉は允恭天皇の皇后忍坂大中姫。允恭天皇の誘いを断り切れず入内。皇后の苦痛を和らげるため河内国に住居を移転。和歌三神の一人。後世、和歌の浦の玉津島神社に祀られる。『古事記』の設定は大きく異なり、同母兄と関係を結ぶタブーを犯す。その後、兄の流刑先である伊予で心中してしまう。

### ●使者のハンストに折れ、天皇に召される

衣通姫は第十九代・允恭天皇（在位四一二～四五三年）の皇后の妹である。容姿艶麗にして衣を通して光るというようなことから衣通姫と言われている。

この頃の習慣では、宴の時に天皇が琴を奏で、皇后が舞を舞った。舞が終わると、皇后は、「〔娘子〕、娘を奉らん」という言葉で終わることになっていた。

ところが、このとき皇后は天皇が自分の妹に気があることを知っていたから省いたらしい。それで天皇から「どうしてか」と聞かれて、結局、「娘を奉らん」と言ったという。それで天皇は自分のところに来いと、衣通姫を招いた。

しかし、「自分の姉が皇后なのだから嫌です」と七回招かれても従わなかった。この七回というのは昔からよく使われる言い方である。

それで業を煮やした天皇は中臣烏賊津使主（なかとみのいかつのおみ）を使者として派遣した。当然のごとく衣通姫が拒むと、中臣烏賊津使主は「天皇があなたに来てほしいとおっしゃっておられます。私は勅命を果たすまで帰れません」とハンガーストライキに突入した。衣通姫側からの食事に一切手をつけずに、庭に座ったまま、七日間頑張った。

実は、この男は非常に利口な男で、糒（ほしいい）、つまり、米の干したものを懐に忍ばせ、こっそり食べていた。それを知らない衣通姫は、「死なせては悪い」とついに観念し、天皇のもとに上がることになったという。

### ●和歌三神の一人

衣通姫は優れた歌人でもあり、こういう和歌も作った。

「わが背子（せこ）が　来べき宵（よい）なり　小竹（ささ）が根の　蜘蛛（くも）の行い　今宵著（こよいしる）しも」

歌意は、「蜘蛛の動きが妙に活発であるから、そろそろ今日あたり天皇はいらっしゃるのでしょう」。蜘蛛が活発だと人が来るという言い伝えがあったからで、この歌は非常に有名であった。

しかし、衣通姫は姉の皇后の苦しみを思い、王宮からずっと離れて暮らしていた。

ところが、天皇はしばしば狩りを口実にして、河内（かわち）にある衣通姫の家に通った。そんな天皇に対して皇后はこう皮肉ったという話が残っている。

「嫉妬（しっと）するわけではありませんが、そんなにしょっちゅう河内に出かけるのでは百姓たちが迷惑しますから、きょうはおやめなさい」

それほど衣通姫は天皇に愛されていたわけである。

衣通姫の話で重要なことは、先述の和歌で詠（よ）んだとおり、天皇が実際に衣通姫のところに来られたということであろう。

歌には徳があり、言霊（ことだま）が発現するといわれていたので、彼女は非常に尊敬され、柿本（かきのもとの）人麻呂（ひとまろ）と山部赤人（やまべのあかひと）と衣通姫を並べて、和歌三神と呼ばれていた。

衣通姫は玉津島神社に祀（まつ）られている。

## 6 東大寺・正倉院を建立した聖武天皇への無限の敬愛——光明皇后

**光明皇后**（こうみょうこうごう　七〇一～七六〇）奈良時代の女性。本名は安宿媛。藤原不比等と橘三千代の娘。聖武天皇の正室。皇族以外ではじめて皇后となる。仏教に篤く帰依し、東大寺、国分寺、国分尼寺の建立を発願。孤児救済のため悲田院、困窮者用の病院・施薬院を設立。聖武天皇の死後、皇太后として政治の実権を握る。聖武天皇の遺品を所蔵するための正倉院を創建。能書家としても有名。

### ●皇族出身でない初めての皇后

光明皇后は聖武天皇の后で、彼女もまた体も顔つきも非常に美しく、「光耀あり」というので光明皇后といわれた。

父親は藤原不比等であり、母親は橘三千代である。藤原不比等は大化の改新の主役として知られる藤原鎌足の跡を継いで、宮廷における藤原氏の地位を完璧にした人物。また、橘三千代も女性のほうから藤原氏の地位を確実にした人物であった。不比等の三女だったことから、光明皇后は藤三娘とも呼ばれた。

光明皇后と聖武天皇との間には基王が生まれ、この基王が皇太子に立たれたので、その母も皇后に冊立せられたのである。その後、阿倍内親王という娘をもうけている。

光明皇后は皇太子を産んだということで、皇族出身ではない女性が皇后になった最初の例であった。後継の皇太子が亡くなると、娘の阿倍内親王が皇太子に冊立され後に孝謙天皇となり、さらに一代おいて称徳天皇となられた。さまざまな経緯があって一人の女性が二度女帝になった（重祚した）というわけだが、その母親が光明皇后ということになる。

この頃は宮廷において仏教が非常に盛んであった。光明皇后は皇后宮職に施薬院を設けて、全国から薬草を集めてこれを貧しい民衆に提供した。加えて悲田院を建造し、孤児、飢えた者、病の者などを収容、救済し、人心を集めた。

さらに、書道をたしなむ人なら誰でも知っているとおり、光明皇后は際立って字の上手な方で、奈良時代の能書家としても有名であった。天平十二年、光明皇后は五千余巻もある玄昉の一切経を発願、書写して、これを配った。

皇后がそれだけ字が上手で熱心だったから、この頃に日本では書道も盛んになるし、産業として紙、墨、それから巻物を作る技術、装丁の技術など、書道に関する文化がおおいに発展した。

## ●世界最古の博物館正倉院を設立

しかも、彼女が書いた御願経(がんきょう)、つまり、御願いの写経が正倉院の聖語蔵(しょうごぞう)には数百巻残されており、書道関係の書物ではそれを写真で見ることができる。

また、王羲之(おうぎし)の「楽毅論(がっきろん)」を臨書(りんしょ)した作品も正倉院に残されている。

聖武天皇没後、その遺物は東大寺に納められた。天皇の聖なる徳を称え、かつ冥福を祈る文章を作り、東大寺に納めたのだが、これが正倉院のもとであり、正倉院こそは現存する世界最古の博物館といえよう。

世界各国にさまざまな博物館が存在し、古いものもあるとはいえ、それらは地下から掘り返したようなものが多い。とりわけ中国では地上で残ってきた古いものはほとんどない。

ところが、正倉院は当時のままそっくり残っており、墨で書かれた「楽毅論」を見ることができるのは、日本人として幸甚(こうじん)である。

光明皇后は国家的事業に大きな関係があり、東大寺、国分寺、国分尼寺はみなこの皇后が発願されたものである。東大寺の完成、開眼供養は娘の孝謙天皇になってからであったが、発願されたのは聖武天皇、光明皇后の頃であった。隋との文化交流が盛んであったため、書を中心として多くのものが残されている。

こういう偉人であったことから、光明皇后について、その後もいろいろな伝説じみた話が伝えられている。『大日本史』（一九〇六年）には、光明皇后は玄昉という僧侶と怪しい仲ではなかったかと示唆する言葉があるし、虎関禅師の著した仏教史書『元亨釈書』（一三二二年）には、光明皇后は千人の垢を流し、皮膚病患者の膿を吸ったと記されているが、平賀源内はそこまではやらなかっただろうと言っている。

また、「女性が偉いと、しばしば性的なことは言われることがあるので、あまり重視してはいけない」と『日本史の研究』の著者で日本法制史の権威でもあった三浦周行博士も述べている。

夫の聖武天皇に代わって光明皇后が政治に手腕をふるったのは、天皇があまりにも仏教に熱心であり、政治を疎かにしたからだった。

ただ、光明皇后が聖武天皇を愛し尊敬したことは東大寺、正倉院を建てたことでよくわかる。これまでそのような立派な供養を行った皇后はなかった。

光明皇后が悲田院や施薬院を設けたことはもちろん重要だが、今の日本人にとっては、超国宝が残されている正倉院を残してくれたことは本当にありがたいことである。光明皇后の御歌は『万葉集』に三首入っているが、天皇に奉（たてまつ）った次の一首は聖武天皇に対する愛情を示した佳い歌である。

「我が背子（せこ）と　二人見ませば　いくばくか　この降る雪の　うれしからまし」（『万葉集』巻第八――一六五八・冬相聞）

しかも、それが西洋であれば私有財産の扱いになるのを、国家財産として寺に預けた。そういう意味では、光明皇后に象徴される日本人の「公」の意識は、西洋のそれとはかなり違うものであるといえよう。

## 7 『源氏物語』は〝頂点の時代の頂点〟——紫式部

**紫式部（むらさきしきぶ　生没年不明）** 藤原為時（ためとき）の娘。式部は父為時が式部省の役人だったことに由来する。曾祖父は藤原兼輔（かねすけ）。平安中期の女流作家・歌人。中古三十六歌仙の一人。世界初の小説『源氏物語』の作者。二十二歳で藤原宣孝（のぶたか）と結婚、長女藤原賢子を出産。二十五歳で夫と死別。一条天皇の中宮彰子（しょうし）の後宮に女房兼家庭教師役として出仕。その頃から『源氏物語』を書き始める。

### ●大和言葉で書かれた世界初の小説の作者

平安時代は誰が何といおうと、たとえその洗練された文化が上流階級に限ったものであったにせよ、世界に比類なき独特の文明の時代であった。

女性文化が花開いたからだが、それが一人や二人の天才が出たのではなく、文学者、エッセイスト、歌人まで数え切れないほどの才能を輩出した。

現代は別として、このように女性が文化に対して重要な役割を担ったのは、世界の他の場所においては、アンシャン・レジームのフランスあたりか、あるいはその影響を受けたところぐらいだと思う。それにしても、女流文学の最高峰の紫式部のように、世界で最初の小説を書いたような偉人は見当たらないわけで、やはり、日本の平安時代のほうがはるかに豊かで、すぐれているもののように思われる。

余談だが、江戸時代にお雛様が普及したのは『源氏物語』の影響で、平安時代の宮廷文化への憧憬が根っこにあった。

私の娘が小さい頃に、お雛様を飾って、J・S・バッハの「ブランデンブルグ協奏曲」をかけてみたことがある。雛人形のかもしだす雰囲気と格調あるクラシック音楽の調べが、とてもよく合うということを発見したことを今でも覚えている。やはり、「ブランデンブルグ協奏曲」をバッハが作った頃も宮廷文化、貴族文化が盛んで、さすがに紫式部のような人こそ出なかったけれども、そこでは女性のサロンも設けられて教養にあふれていたという。

従って、どこか通い合うところがあるのではないだろうか。

平安時代の才女は清少納言、和泉式部、赤染衛門など綺羅星のごとくいるけれど、彼女たちについては拙著『日本史百人一首』を参考にしていただくことにして、ここではチャンピオンの紫式部に絞りたい。

紫式部は藤原為時の娘である。為時が花山天皇即位に際して式部大丞に任ぜられ、少女時代に式部丞をやっていたことから、藤式部と呼ばれたが、のちに『源氏物語』が知られるようになってから、尊敬の念をこめた呼び方として紫式部が定着した。

『源氏物語』は紫式部の娘時代に父親が越後勤めとなった時に同行、その頃から書き始めたという説がある。『源氏物語』はダンテの『神曲』よりも三百年前に書かれており、しかも、『神曲』とは異なり、本物の小説であった。

さらに重要なことは、この膨大な小説が世界で最初の小説であることである。それを女性が書いていることで、しかもそこに使われている膨大なる言葉の中に漢語がほとんどないということである。

官位を表す、たとえば「頭中将」という場合の「中将」という名詞などについては、当時、唐の制度を入れていた関係で致し方ないものの、普通の言葉のボキャブラリーとして、漢語がゼロに近いということはすごい。

当時は唐の最盛期も過ぎた頃ではあるものの、その影響を受けずに、あの大文学を漢字のボキャブラリーを使わないで完成させたことは感嘆すべきことである。

それはルネッサンスの後に、イギリス人がラテン語圏の言葉を使わないで、ゲルマン語系ばかりの単語で文学を完成させたことに等しい、まさしく偉業である。たとえば十四世紀にイギリス人のチョーサーが書いた『カンタベリー物語』などはほとんどフランス語で書かれたフランス文学だとフランス人は冗談半分に言っているし、シェイクスピアにしても数えてみれば半分ぐらいは外国語が交じっている。しかし、紫式部は官職の名前みたいなものを除けば百パーセント近く大和言葉だけで大河小説をものにしたのである。

## ●藤原道長との逸話

紫式部の家系は藤原冬嗣(ふゆつぐ)の子孫で、この一門には文人、歌人が非常に多い。曾祖父は藤原兼輔(かねすけ)で、祖父、叔父、父もみな文人、歌人の名を成しており、遺伝的にもＤＮＡを強く引き継いでいたのであろう。

創作の『源氏物語』以外の作品には、『紫式部日記』や『紫式部集』がある。『紫式部日記』はいわゆる日記というよりはその折々に綴った随想録のようなもので、『紫式部集』には約百二十首の和歌がおさめられ、勅撰集に入っている歌が五十八首もある。

紫式部は子供の頃から優秀であったという。父が兄の惟規（のぶのり）に『史記』を教えている時に、脇で聞いていた式部のほうが早く覚えるものだから、父が「男の子にてもたらぬこそ幸いなかりけり」、つまり、式部が男の子でなかったのが残念だと言ったといわれている。その惟規も平凡な人ではなく、詩趣の豊かな歌を残している人であったから、その兄勝（まさ）りと父に言われた紫式部の幼児の頃の穎脱（えいだつ）ぶりがわかる。

結婚は当時としては割と遅かった。父に同行した越後から都に戻ると、藤原宣孝（のぶたか）と結婚した。相手は四十八歳、式部は二十二歳で、随分年が違っていた。しかも夫宣孝の子には四人の違った母親の名前があり、随分と多くの側室がいたようだ。

贈答の歌も残っているが、非常にスムーズに結婚したようでもないといわれている。紫式部があまり美人ではなかったからだとされるが、藤原宣孝は文学的な関心をもっていたので、そちらのほうで式部に引かれ、結婚する気になったと推測される。

夫の死により終わったわずか三年の結婚生活はそれほど濃厚でもなかったという説もある。その証拠として、

「いるかたは　さやかなりける　月影を　うはのそらにも　待ちし宵かな」

（現代語訳＝入っていく方角のはっきりわかっていた月の姿を、昨夜は上の空で待ってい

たことでした）

という歌が残っており、これはどう考えても、早く夫が来てくれないかと思っていたようである。

それでも二人には娘が生まれた。その一人は百人一首にも出てくる大弐三位で、この頃から『源氏物語』を本格的に書き始めて、上東門院に仕えるようになった。

いろいろと逸話が伝えられているが、なかでも重要なのが、藤原道長に誘われて断ったのではないかということであろう。道長は当時はそれこそ「欠けたるものの　無しと思えば」というような、藤原時代の最盛期を築き上げた人物であった。

その藤原道長が、

「夜もすがら　水鶏よりげに　なくなくも　まきの戸口に　叩きわびつる」

という歌を詠んだ。自らを水鶏にたとえて、あなたの家の戸を叩き続けたけれども、あなたは開けてくれないという歌である。

それに対し、紫式部はこんな歌を返した。

「ただならん　戸ばかり叩く　水鶏ゆえ　開けてはいかに　くやしからまし」

戸を開けたら悔しい思いをするのではないかと、式部が当時絶対権力者であった道長を跳ねつけたということで、後世の人は非常に高く買う人がいる。

一方、結局は道長の妾になったという説もあり、平安・鎌倉時代の男性官人に関する一級資料として名高い、洞院公定が十四世紀の終わり頃に編纂した系図集『尊卑分脈』などはその説を採っている。

ところが、元禄時代の安藤為章は、『紫家七論』の中で、紫式部は非常に貞淑な女性だったと記している。

この紫式部貞淑説というのは割と根強く唱えられている。明治以後でも芳賀矢一（京大教授・国学院大学学長）は彼女を「貞淑温良」といい、森鷗外は「貞淑謙譲」といい、萩野由之（東大教授）は「温厚謹慎」という。久保田辰彦はその『日本女性史』の中で、彼女の『新千載集』の和歌のはし書きから判断して「比較的貞節の正しかった女性であるとは認めてよいが、完全無欠で後世の淑女の亀鑑とするわけにはいかないと思う」という主旨のことを述べている。

ところが国文学者の関根正直は、『紫式部日記』は自己吹聴が多いと示している。

たとえば、清少納言を貶して、「したり顔に真名（漢字）書き散らし侍るほどもよく見ればまだいとたえぬ」などと批判している。何かしたり顔をして漢字を書いているけれど大したことはない、というような意味である。

これを紫式部に書かれたものだから、清少納言のほうが生意気な女みたいに受け取られてしまい、清少納言は非常に知識をひけらかす女、紫式部は貞淑な女という二局分類されることがある。ところが、清少納言の『枕草子』の中には、自慢話はあっても他人の批判はないから、それは逆なのではないかという説もある。

しかし、いずれにせよこの頃には、今から見ても世界的な女性たちが我が国から輩出されたことは間違いない。たまたま二〇〇八年は源氏千年祭で、京都は大変盛り上がりをみせたようだが、千年前の女性の文学的業績を国を挙げてというか、大いに称えている我々日本国民は幸せである。

## ●当代ヨーロッパの一流文化人を魅了した先進性と洗練された感覚

『源氏物語』が広く国際的に評価が高まったのは、第一次世界大戦後のことで、発信地はイギリスであった。それ以前にも明治時代に一部イギリスで英訳されたが、あまり話題にならなかった。

第一次世界大戦後はワイマール文化などフランスでもアプレゲール（戦後派）の独特の文化が栄えた時期で、ロンドンではブルームズベリー地区にケインズやヴァージニア・ウルフといった当代一流の知識人たちが集まって住んでいた。彼らは自分たちこそが世界で一番洗練されて、現代的な感覚を持っていると自信満々だった。

当時のヨーロッパは、第一次世界大戦で伝統的な文化が破壊されて、ヴィクトリア朝的なうるさい男女関係の規範観念なども取り払われていた。ヴィクトリア朝では、とにかく「下着」という言葉も使えないぐらいセックスにかかわることには神経質だったので、そうした表現にはかなり苦心していたのである。

『源氏物語』の訳者は、裕福なユダヤ人のアーサー・ウェイリーという言葉の天才であった。その『源氏物語』の英訳を読んだブルームズベリー地区の人たちは驚愕した。

なぜならば、自分たちが最先端だと自負していた生活感覚と同じような感覚の人たちの話が、千年以上も前の日本で描かれていたからである。

『源氏物語』の登場人物は、自分たちと同じような感覚を持ち、しかも自分たちよりも洗練されていることに、彼らは愕然とした。当時はちょうどマルセル・プルーストの『失われた時を求めて』（一九一三〜二七年）が出たときで、これが現代文学の最高峰とされ、過去の小説の最高峰が『源氏物語』で、世界の二大小説だと称えられた時期もあった。その後、世界の五大小説など括り方はさまざまあるが、依然として『源氏物語』の評価は動かない。

加えて言うが、清少納言の『枕草子』もエッセイとしては極めて優れていると海外では高評価されていた。

私がドイツに留学した戦後十年目の一九五五年には、復興中のドイツでも割ときれいなポケット版『枕草子』のドイツ語訳がすでに出ていたほどである。清少納言もやはりたいしたものなのである。

拙著『日本史百人一首』で述べたように、この時代の我が国の文学水準は、それこそ十九世紀から二十世紀にかけてのフランスの象徴詩のもっとも洗練されたものさえをも凌駕（りょうが）していたくらいだと思う。

## ●頂点の時代の頂点

しかし、それにしてもなぜ当時の日本にこのように優れた文化の時代が訪れたのであろうか。

私見だが、当時は圧倒的に藤原氏の政権であり、平和な時代が続いていたことに収斂するのだと思う。一説によれば、何百年間か死刑がなかったというほど平和であった。なかでも都の中はまったくの別天地で、人間の価値を和歌がうまく作れるかどうかで判断するようなところさえあった。男は漢詩がうまいほうがいいが、漢詩ができても和歌が下手ならたいしたことはないと値踏みされたりしていた。

ところで、大和言葉がなぜ優れているかというと、一度も絶えることなく続いているからである。当時の祝詞などはすべて大和言葉であった。現在の祝詞は随分漢字を入れているが、昔の祝詞は違う。

『万葉集』はすべて大和言葉であるし、『古事記』の漢字表記法は当時読めなかったとしても大和言葉だし、『日本書紀』の長歌、和歌、短歌はすべて大和言葉である。

だから、大和言葉の伝統はイギリスの英語のように絶えたことはない。イギリスは一〇六六年にサクソン王朝が滅びてノルマン王朝が始まる、いわゆるノルマン・コンクエストが起きて、同王朝の公用語がフランス語となり、一度は英語が約三百年間、公式の場から消えてしまった。

翻って日本は、実に多くの漢文化を導入したものの、文化の核の部分は大和言葉でしか表せないというものがあった。勅撰集にしても、漢詩の勅撰集のほうが早かったが、だからといって宮中でシナ語会話をやっていたわけではない。

ただ、どちらかといえば、女性のほうが和歌の伝統を強く持ったと思われる。赤染衛門も、

「さもあらばあれ　大和心(やまとごころ)し　賢(かしこ)くば　細乳(ほそぢ)に附(つ)けて　あらすばかりぞ」

と大和心であればいいではないかと詠んでいる。やはり女性のほうが男性に比して土着的だったのではないか。男性のほうはハイカラ的に、高い文明を入れなければならないという欲求が強かったのかもしれない。

『源氏物語』をして、「あれは貴族文学だ」と批判する人がいるが、それは貴族のサロンや教会から生まれたバッハ、モーツァルトの音楽を批判するのと同じことであろう。

要は、バッハ、モーツァルトは庶民も聴いたかもしれないが、発生の場所からいえば庶民の音楽ではないということだ。ところが今は、貴族の音楽などなく、庶民のものしかない。

従って、『源氏物語』に見られる感性も特別のものであり、現代人は当然ながら、物語にさまざま織り込まれている教養にはついていけない。

だが、当時はそうした教養を備えていなければ、宮廷では生活ができなかったのである。たとえば、全員が『古今和歌集』を暗記しなければならず、すぐに本歌取り（古歌の言葉・情趣などを踏まえて新しい歌を作ること）の歌も作れて、またそれにふさわしい和歌で応えなければいけないという雰囲気であったのだ。

やはり、そういう意味でも紫式部は、「頂点の時代の頂点」であったといえよう。

# 第二章　戦乱の時代を生きた女丈夫たち

## ――中世なでしこ編

## 8 歴史を動かした名演説と「女の道」——北条政子

**北条政子**（ほうじょうまさこ　一一五七〜一二二五）伊豆の豪族・北条時政の長女。鎌倉幕府を開いた源頼朝の正室。頼家、実朝の生母。夫頼朝の死後に出家、尼僧姿を通したことから尼将軍の異名をとる。後継将軍をめぐる政争に勝利。幼少の藤原頼経を傀儡将軍に仕立て、北条一族の執権政治体制を確立する。承久の変の際、戦に臨む自軍を前に、亡き頼朝の恩義を忘れるなと振るった演説は有名。

### ●妹から夢を買った政子

女性文化が頂点を極めた平安時代の次に訪れたのは、質実剛健が尊ばれた武家社会の鎌倉時代であった。鎌倉時代を代表する女性は間違いなく北条政子であろう。尼将軍の異名をとる政子は源頼朝の正室であった。鎌倉幕府により十三世紀後半から十四世紀初頭に編纂された史書『吾妻鏡』には、政子は神功皇后の再来と記されている。

北条政子が残した最大の功績を挙げるならば、いわゆる女の道という概念、「婦道」あるいは「婦徳」を確立したことであろう。神功皇后の再来といわれるほどの偉人だったが、たとえば夫頼朝に対しては、厳粛なほど貞節であった。

父の源義朝が平家に敗れ、伊豆へ流された頼朝は伊藤祐親（すけちか）のところで暮らしていた。頼朝は伊藤家の娘に手を出すが、それが祐親の後妻の娘でなかったことで後妻からひどく憎まれ命さえ危うくなったので、頼朝は、監視役であった北条時政（ときまさ）のところへ逃げ込んだ。

北条時政には娘がたくさんいた。長女は先妻の娘で、大変な美女だった。次女は後妻の娘で、たいしたことはないと聞かされていた頼朝は、前の経験で後妻に恨まれたことから、姿が悪くてもいいからと、後妻の娘のほうにラブレターを書いた。

それを渡すよう頼まれた頼朝の伊豆配流時代からの側近の安達盛長（あだちもりなが）が、手紙を改ざんして長女へ持っていった。

それが話の始まりで、頼朝と政子にはこんな逸話が残っている。

山の上に登ったら、お日さまとお月さまが自分の袖に入り、橘（たちばな）を食べた夢を見たと、政子の妹が言った。それを聞いた政子は、橘を食べて景行（けいこう）天皇を産んだという日葉酢媛命（ひばすひめのみこと）を連想し、これはすばらしい夢だと思った。

その夢が欲しかった政子は、「いい夢は三年隠し、悪い夢は七日隠すと言います。それを破るとろくなことがありません。あなたも呪（のろ）いにかかりますよ」と妹を脅した。当時の女性は迷信深いから、姉からそう言われた妹はたいそう心配した。

すると政子は、「ただ夢には転移の法があります。夢を売ればいいんです。売れば、売ったほうにも買ったほうにも、呪いがなくなる。だから、私が買ってあげましょう」と言って、鏡一枚と衣一重を渡して、その夢を売ってもらった。その鏡は北条家代々の宝であったが、政子の父の時政が、特に可愛がっていた政子に与えたものであった。その夜、政子は白い鳩が金の箱をくわえてくる夢を見た。直後に頼朝からの手紙が届くと、頼朝と政子はすぐに結ばれた。

ところが、父親の北条時政は平家側に睨（にら）まれている男に政子をやってはまずいと考えた。そこで時政は急いで、平氏一族で伊豆目代の山木兼隆（かねたか）の嫁にしようとする。

だが、政子は婚礼の日、雨の中を山中に逃げて、頼朝と強引に同棲してしまう。さながら、映画『卒業』（アメリカで一九六〇年代末に作られた青春恋愛映画）の一シーンである。今ならそう珍しい話でもないのだろうが、当時としては勇気があったといおうか、大変なことをやってのけたものである。

## ●三代で終わった源氏政権

後に頼朝が平家討伐の兵を挙げたが、石橋山の戦いに敗れて房州に逃げた時も政子は走湯山に隠れたが、頼朝が再び関東の源氏を集めて出てくると、自分も山から出てきて陣営に出入りして内助の功をあげた。政子は頼朝によく仕えた。というよりも、頼朝が亡くなってから、その偉さが一段と表に出てくる。

鎌倉幕府を簡単に説明すると、源頼朝が一代目で、頼朝と政子の間には頼家と実朝という二人の男子、さらに大姫と乙姫の女子の合計四人が生まれた。そして、頼家の息子には一幡と公暁がいる。

頼朝は源氏の宗家で揺るぎないのだが、鎌倉幕府の二代目将軍の頼家は、政子から見るとどうにも頼りない。たとえば、幼少期、頼家が頼朝に連れられて、富士の裾野で巻き狩りをした。鹿を捕まえて母親に喜んでもらおうと贈ったら、「武士の子がそんな獣一匹捕まえたぐらいで喜ぶのは頼もしくない」とぴしゃりと言われてしまう。どうも頼家はリーダーの器ではなかったらしい。

この頼家に一幡という子供ができた。一方、頼家の弟には実朝がいる。

頼家の執政能力が懸念されたため、政子の父の時政と弟の義時、京都から来ている学者の大江広元を中心とする十三人ほどの合議決定制が導入され、関西三十八か国の地頭に実朝、関東二十八か国の地頭に一幡が就くことが決定されたのだが、頼家にはそれが不満であった。

頼家は比企家と結んで反乱を起こそうとしたものの、政子らは先手を打って、比企家をつぶし、頼家は将軍の座を追われ、伊豆修善寺に幽閉された。

北条時政
政子＝源頼朝
大姫　頼家　実朝　乙姫
一幡　公暁　栄実　禅暁　竹御所＝藤原頼経
頼嗣
義時
泰時　重時　政村
時氏　長時
経時　檜皮姫　時頼
時宗

これで誰もが次の将軍になるのは十二歳の実朝だと考えた。ところが、政子の父の時政の後妻に牧氏から出た女がいて、その牧氏の婿である平賀朝雅を将軍にして実朝を廃止しようとする動きがあった。要するに、時政の後妻の陰謀である。

それを知った政子は、自分の弟の義時とともに、やはり先手を打ってつぶした。自分の父親である時政を殺すわけにはいかず、父親に頭を剃(そ)らせ伊豆へ流した。

そして、実朝を三代将軍にした。しかし、実朝は歌人としては一流だったが、まだ若いし、たいして政治に関心もなかったので、大江広元と弟の義時が中心になり、政子が決裁する政治体制を構築した。

ところが、今度は将軍の実朝が、頼家の子供の公暁に暗殺されてしまう。それを受けて、義時が執政(しっせい)役となって、政子が文字どおり尼将軍になる。

鎌倉幕府における源氏政権は三代で終わり、それからは執権がずっと続いた。実朝のあとは幼い藤原頼経(よりつね)を将軍に迎え、頼家の娘と結婚させ、執政は政子が引き受けた。

それから後は、京都から摂家、皇族が招聘(しょうへい)されて将軍職に就いたが、執権は義時以来ずっと北条氏のものであった。この義時が執権にあった時、尼将軍として政子が腕を振るうわけだから、鎌倉幕府は非常にパラドクシカルな状況にあったといえよう。

頼朝の時こそ鎌倉幕府は絶対君主的な武家政治体制にあったが、頼朝亡き後、政治の実権を完全に握ったのは北条政子、その人であったのだ。

## ●歴史を動かした政子の演説

その頃の状況をもう少し詳しく述べてみよう。

実は政子は実朝亡き後、将軍を頼朝の血もつながる藤原氏の皇族からもらいたいと考えていた。しかし、その時は皇族から断られたため、やむを得ず、頼朝の血縁である左大臣・藤原道家の子供であるたった二歳の藤原頼経を将軍に仕立てざるを得なかった。これが摂家将軍というものである。もっとも、前述したように、その後には皇族からどんどん将軍をもらっている。

こうした鎌倉幕府のゴタゴタを見て、後鳥羽上皇が政権を握ろうと、承久三年（一二二一）に鎌倉討伐を試みた。いわゆる承久の変である。

京都では上皇側についた武士も大勢いた。鎌倉側は朝敵になるわけだから、戦いをためらう雰囲気があった。政子の面目躍如の場面はその時に訪れる。

政子は配下の武士たちを集めて、檄を飛ばした。

「お前たち武士の以前の時代はどうだったか知っているか。三年間京都に勤めさせても帰る時は裸足で帰らされたのだ。それを変えたのは頼朝公であるぞ。その御恩を忘れるな。お前たちは頼朝将軍の墓を京都の軍隊の馬蹄にかけられるのか。もしそんなことをするのなら、私を殺し、鎌倉を焼き払ってから上皇の味方に行け！」

そこで武士たちは奮い立ち、京都へと向かった。後鳥羽上皇側はあっけなく敗れて、隠岐（おき）に流されてしまう。

北条家が真に政権を確立したのは承久の変以後であることから、このターニングポイントとなった演説は、歴史的に非常に重要であると思う。

演説が歴史を動かすのである。

時代は離れるが、慶応三年（一八六七）十二月九日の夜、京都で小御所（こごしょ）会議が行われた。御前会議だから、天皇も出席されていた席で、徳川宗家温存路線を持論とする山内容堂（やまうちようどう）が言った。

「この会議に徳川慶喜（よしのぶ）将軍がいないのはおかしい。これは天皇がお若いのをいいことにして、陰謀ではござらぬか」

その時に岩倉具視（いわくらともみ）がやり返した。

「天皇がお若いからとは何事だ、失礼ではないか。天皇は聡明なお方であるぞ」

すると、山内容堂は反撃する言葉に詰まってしまった。

大久保利通（としみち）が二の槍を入れ、「慶喜が本当に後悔しているのならば、八百万石を差し出せ」という話にまで持っていった。その後は一挙に倒幕、鳥羽伏見の戦いにまで急展開を遂げる。

明治維新の四傑の中に西郷、大久保、木戸、そして岩倉を入れる人がいる。昔は、岩倉などどこが偉いのかと私は思っていたのだが、その後、この時の岩倉の演説が明治維新の劇的な転換をうながしたのだということに思い当たった。これなどは、歴史の境目を迎えた時の日本が、演説で動いたという好例だと思う。

## ●『貞観政要』を幕府の指針とした慧眼

こうして北条政子に朝廷方は完全につぶされ、鎌倉幕府における武家政治が確立する。その後は、鎌倉幕府の意向に反しては天皇も即位できない。というより、後鳥羽上皇追放後の天皇の人選は鎌倉幕府側が決めていた。

尼将軍といわれた政子が目指したのは公平な政治であった。そして一番注目すべきことは、公家の菅原為長（すがわらためなが）に命じて、唐の太宗（たいそう）と侍臣とのやりとりを呉兢（ごきょう）が編纂した『貞観政要（じょうがんせいよう）』（八世紀初期成立）を仮名書きに訳させたことである。

大国である唐を治めた皇帝太宗は、世界的にみてもたいした偉人であるが、その太宗に諫言する臣下の魏徴や房玄齢とのやりとりが綴られたものがこれであり、要は、リーダーの心得がちりばめられているものである。もっとも本家のシナではあまり利用されなかったが、それが日本に割合に早くきちんと伝わってきていたのだ。

それを聞いた政子が『貞観政要』を読み、その精神を「これぞ帝王学の原典」と思ったのである。

その後、北条泰時はじめ北条家の執権には立派な人物が何人もいたが、彼らは「質素であれ、公平であれ」という『貞観政要』の教えをよく守っていた。シナのほうでは皇帝が質素などという話は聞いたことがなく、あまり守られなかったようだが、日本ではそれをきちんと守っていたところが興味深い。

いろいろと『貞観政要』に関する資料を調べてみて気づいたのは、信長も秀吉も『貞観政要』を読む暇がなかったということであった。ところが、家康はしっかりと読み込んでいた。だから、やはり徳川幕府は長続きし、繁栄したのであろう。

皇室は代々ずっと読んできている。皇室がはじめの頃から『貞観政要』を読み、尊敬していた証左に清和天皇の時に「貞観」という年号まで採用した（八五九～八七六年）。『貞観政要』を読み込み、幕府の指針とさせた政子の政治的センスに舌を巻かざるを得ない。まさに慧眼（けいがん）である。

## ●「女の道」の概念を確立

ここまでは政治家としての政子について述べてきたが、その一方では、「女の道」という概念を確立したという政子がある。

前述したように、頼朝のところに当時としては大胆な押しかけ結婚をしたということもあるが、後にこういうことがあった。

頼朝は最初、平家征伐の頃に木曾義仲（よしなか）と仲良くしようと思った。木曾義仲の長男の義高（よしたか）が十一歳の時に頼朝と政子の娘大姫五歳、この二人を許嫁（いいなずけ）にした。ところが、そのうちに状況が変わって、頼朝は木曾義仲を討つことになった。

従って、息子の義高も殺そうとした。ところが、大姫が許嫁の義高を兄のように慕っていた。このあたりはもうすでに男女が奔放（ほんぽう）に自由恋愛、フリーセックスを繰り広げていた平安朝とは違う感情が存在している。

それを知った政子はどうしたかというと、義高を女装させ、政子に仕えている女房たちに囲ませて、しかも馬の蹄（ひづめ）の音がしないように蹄を綿にくるんで逃がしたのである。ところが、その後、義高は頼朝軍に捕まって殺されてしまう。大姫は悲嘆に暮れふさぎ込んでしまう。

政子から「何でそのようなことをした。娘が嘆いているではないか！」と猛抗議された頼朝は困り果て、義高を斬（き）った家来に腹を切らせて大姫を慰めようとした。けれども大姫の嘆きはおさまらない。十六歳の時に結婚させようとしても受けつけず、二十歳で亡くなってしまう。

このように政子は自分の娘のためには、頼朝が殺そうとした者でさえ助けようとした。後の静御前のところに出てくるが、静御前に頼朝が腹を立てた時に、「女の道はそうではありません」と言ってとりなしたのも政子である。

平和を享受していた平安朝にはそのような概念はまったく存在しなかったが、この時代には武士が登場し、男は鎧兜（よろいかぶと）をつけて戦いに行き、女は銃後の守りを任されるというスキームができあがった。それを受けて、女の道という概念が初めて出てきたわけである。それを意識的に示した人物が北条政子であったのだ。

## 9 源義経を慕い続けた天下第一の白拍子 —— 静御前

**静御前（しずかごぜん　生没年不明）** 鎌倉初期の女性。白拍子（遊女）。母は白拍子の磯禅師。源義経の側室。六歳で上洛。京を征した義経に舞姿を見初められ側室となる。その後、壇ノ浦の戦いで平家を滅ぼした義経とともに京を追われる。頼朝軍に捕らわれると、鶴岡八幡宮で義経を慕う一世一代の舞を披露。長男を出産するも、頼朝に殺される。義経亡き後は北条政子の庇護を受けたという説が有力。

### ●京都第一等の踊り手

静御前は白拍子といわれる歌舞を演ずる芸者であった。しばしば優秀な芸者がすばらしい頭脳の持ち主という例があるが、静御前も京都第一等の踊り手であるうえに、非常に気配りがきき、教養にあふれる女性だった。

その静御前が当時平家を滅ぼし、京の都を征した源義経の妾になった。妾といっても今とは違い、側室といったほうがおさまりがよいかもしれない。

静御前がいかに才色兼備であったかを示す逸話がある。

義経を暗殺しようとして頼朝が土佐坊昌俊（とさのぼうしょうしゅん）という男を京都に送った。面会を申し込まれた義経は怪しんだが、起請文まで出してきたので、土佐坊と会った。

すると、面会を終えて帰っていった土佐坊について、静御前は義経にこう進言したのである。

「あの男は謀反気はありませんと言って起請文など出していますが、怪しいものです。しきりに目をこの屋敷の備えのほうに向けていましたから」

不審に思った静御前が、若い男二人に土佐坊の宿を偵察に行かせたところ、二人とも帰ってこない。

今度は女を行かせると、「先に送った二人が殺されて道に放り投げられていた。そして鞍を置いたままの馬が数十頭もいた」という報告がきた。

静御前が、「それは攻めてくるでしょう。今夜あたり夜襲があるかもしれません」と言うと、まさしくそのとおり、義経邸は夜襲をかけられたのである。

義経は豪胆でまた腕には自信があるから、跳ね起きてすぐに外へ出ようとするが、静は

「いや、油断は禁物です。やはり刀と兜をつけてください」ときつく言って、無理やり義経に鎧を着けさせた。

土佐坊の一軍とさんざん戦い、結局、義経は勝利したけれど、終わってみたら鎧には蓑のように矢が刺さっていた。もし静が鎧を着せなかったら、義経はこの時、死んでいた可能性もあったのだ。

しかし周知のとおり、頼朝と対立した義経は位を剥奪され、追われる身となる。静御前も義経に帯同し、吉野山に行き大峰に入ろうとしたが、「大峰は女性を入れない」ことから仕方なく義経は静に財宝を持たせ、家来を付けて京都へ戻らせる。

ところが、義経が付けた家来たちは、静からその財宝を取り上げて逃亡、静は頼朝軍に捕らえられてしまった。それで、母親の磯禅師とともに鎌倉に送られてきたのである。

### ●あまりにも有名な鶴岡八幡宮での舞

その頃、鎌倉の鶴岡八幡宮で四月八日、頼朝が日本統一を果たして鎌倉幕府を打ち立てた祝いの宴が開かれることになった。鎌倉の源氏の武将が勢ぞろいするなか、北条政子が「どうしても京都一、すなわち日本一の踊り手の舞を見たい」と言い出し、頼朝も所望した。

静御前は妊娠中であったし、自分は義経の女だから踊りたくないと辞退する。しかし、あまりにも執拗に命じられたので、鶴岡八幡宮の大広間で舞うことを了承した。重臣の工藤祐経(すけつね)、畠山重忠(はたけやましげただ)がそれぞれ銅拍子(どびょうし)、鼓(つづみ)を打った。

まず静御前は君が代を謡(うた)った。千代に八千代にとめでたい歌である。続いて、

「しづやしづ　しづのをだまき　くり返し　昔を今に　なすよしもがな」

と謡って舞った。これは、頼朝と義経の兄弟が昔のように仲良くしてくれればいいのにという歌である。さらに、

「吉野山　峰の白雪　ふみわけて　入りにし人の　跡ぞ恋しき」

と謡って舞った。追われる身となり、吉野山の白雪を踏み分けて山の中に姿を消していく義経を恋い慕う歌である。

この状況を『吾妻鏡(あずまかがみ)』は、「静態絶妙、衆みな感騒」と記している。その場が蒼然(そうぜん)としたというのだが、なぜならば、ここに居並ぶ武将たちは義経とともに宇治川で戦い、一ノ谷で戦い、屋島で戦い、壇(だん)ノ浦で戦った連中であったからだ。そのときの颯爽(さっそう)たる義経は今や兄に追われて行方もわからない。その義経の女が絶妙な踊りを舞い、「しづやしづ」と謡っている。武将たちは頭を下げ涙を流し、宴の場は蒼然たる雰囲気に包まれてしまっ

たのである。

そのなかで頼朝はただ一人激怒した。

「こういうめでたい席で罪人を慕い謡い踊るとは何事だ」

義経との経緯を勘案すれば、頼朝の怒りは理解できよう。

しかし、頼朝に向かい政子はこう言った。

「私だって父の時政により、あなたと私の間が裂かれて、自分が他の男に嫁にやられそうな時に、雨の中を走ってあなたのところに行ったことがあります。

静が、義経殿の恩を忘れて恋い慕うことがなかったならばどうですか。女の操を忘れてしまうことのほうがおかしいのです。女が男を慕うのは女の道です」

その言葉に頼朝も納得した。

この時、静は二十歳ぐらいの若い女性だ。八幡宮の神前で頼朝幕府の万歳を祝うべき席で、今その幕府に追いかけられている義経を慕う歌を謡いながら舞を舞うのだ。頼朝が激怒するのはわかっている。それを怖れずに義経を慕う心を示したのは、すばらしい気概であったといえよう。

だが、ここで話は終わらない。

このあと静の屋敷に工藤祐経や梶原影茂たちが押しかけて馬鹿騒ぎをしたうえに、踊ってくれとちょっかいを出すと、静は涙を流しながら彼らをたしなめた。

「あなた方、今はそんな無礼なことを言っているけれど、私の夫は鎌倉殿（頼朝）の弟ですから、世が世ならば、あなた方は私の顔も見ることもできないはず。ふざけた真似はやめなさい」

全員恐れ入って帰ったという。

政子に救われた静は無事に出産する。ところが男の子が生まれたので、赤ん坊を安達清経が由比ガ浜に埋めて殺したというのが定説となっている。

それからの静は母とともに都に戻り、持仏堂に籠もって、義経の冥福を祈って過ごしたとされる。その財政的援助は政子が行っていたという説があるが、私もそれが一番もっとも有力と考えている。

第二の説は、義経が奥州にいると聞き、奥州まで下ったけれども途中で義経が死んだと知らされ、武州栗橋あたりで諦めたのではないかという説である。小野小町と同様、方々でそういう説が出てくるものである。

しかしながら、とにかく身分が高い女性だから、恐らく京都へ母親と一緒に帰って、ひっそりと生活していたのではないだろうか。それぐらいの予算は幕府から見れば何ということもない。

それにしても、武家政治を確立し、女の道を確立した政子はすごい女性だと思う。繰り返しになるが、そういう発想や強さ、猛烈さは平安貴族の女性には見られないし、女の道などとは言わないし、政治の場に自分が出るという発想もない。

逆説的に言うならば、平安朝当時から今日に至るまで天皇に仕える女性がすべて藤原氏であるのは、結局、政治的野心のある皇后は出ないという良き伝統なのだろう。武家のほうは必ずしもそうではないのだが、それは政子という手本があったからかもしれない。

## 10 美貌だった一騎当千の女武者——巴御前

**巴御前（ともえごぜん　生没年不明）** 平安時代末期に活躍した女戦士。源氏の名門木曾義仲とは乳兄弟であり義仲の側室。幼い頃から武闘に優れる。強弓と馬術は超一流、腕力も並外れて強かった。しかも美貌の持ち主。常に木曾義仲と行動を共にし、戦果をあげたが、京都を追われた義仲とともに死ぬことは許されなかった。捕虜となり鎌倉送りとなったが、敵方武士から結婚を所望される。

### ●一騎当千の女武者

いわゆる鎌倉武士といわれる武家の時代に武勇の名をとどめた女性が二人いた。一人が巴御前であり、もう一人が板額である。

巴御前は木曾の豪族・中原兼遠の娘である。彼女の母親は今井兼平の妹で、木曾義仲の乳母だから、巴御前と木曾義仲とは乳兄弟になる。木曾義仲は源氏の名門ということで、中原家では姉の山吹を妻として出し、妹の巴を妾として差し出しているが、当時の常識としてはいっこうに構わなかった。巴御前は色白で髪の長い大変な美人であった。

この義仲の父親は源氏の棟梁、源義朝の異母弟の義賢だが、義朝の長男で頼朝の兄の義平に殺された。幼少の義仲も生命の危機にさらされたが、白髪を染めて平家との戦いに出たことで知られる斎藤別当実盛が不憫に思い、義仲を木曾へ連れていき、有力豪族の中原兼遠に預けたのであった。

周知のとおり、木曾義仲はその華々しさから「朝日将軍」の異名をもち、一時は京都を落とし、征夷大将軍の位まで得た。このときにずっと義仲と行動を共にし、戦い続けたのが巴御前である。

- **為義**
  - **義朝**
    - **義平**
    - **頼朝**
    - **範頼**
    - **義経**
  - **義賢**
    - **義仲**

巴御前の武術の力量は男まさりなどという言葉を超越していた。特に北陸の倶利伽羅峠の戦いの際、平維盛率いる七万の大軍を相手に巴自身が一千騎を率いて奇襲し、大成功をおさめたといわれる。世に言う「火牛の計画」で、深夜、牛の角に松明を付けて、敵陣に突っ込ませ、敵側を大混乱に陥れたのだ。

計画そのものは義仲が立てたわけだが、強弓を引き、巧みに馬を操る姿はまさしく一騎当千の兵、女武者であったとされる。

## ●叶わなかった義仲との一緒の死

ところが、朝日将軍義仲は京都を治められず、結局、朝廷と組んだ義経たちに敗れて、近江の国へと敗走する。粟津の地で戦うわけだが、その時に巴御前は秩父の剛勇、畠山重忠に鎧の袖をつかまれた。巴御前が振り切ったら、鎧の袖が千切れたというのだから、凄まじい力である。

さらに、遠江の剛勇として名高い内田三郎家吉と一対一で戦い、家吉を捕まえて鞍に押しつけ、首を斬り落としたといわれている。その壮絶な様子を見ていた敵も味方も凍りついたという。

巴御前の武勲に関する伝説的な話はさまざま残されているが、とにかく抜群に強かったことは間違いのないところである。

しかし義仲は、「自分の最後の戦いに、女に先陣をかけられたと言われては恥である。

お前は落ちのびよ」と言って、一緒の死を願う巴を無理やりに逃げさせた。

義仲はその地で討ち死にした。巴は近江の粟津から信濃に戻ったところを捕まり、鎌倉に送られた。

鎌倉においても、巴の剛勇は知れ渡っていた。死罪になるところを侍所別当の和田義盛(よしもり)が、「巴御前をぜひ嫁にほしい。私もそういう剛勇の息子がほしいから」と頼朝に願い出た。

二人は結婚、それで生まれたのが朝比奈三郎義秀(よしひで)という剛勇無双の武士だったというが、これは『吾妻鏡(あずまかがみ)』の内容と合わないという説もある。

その後、北条家と和田家が争い、義盛が死ぬと、巴は越中に戻り、九十一歳で亡くなったといわれている。

## 11 源平の歴史を変えた母のひと言——池禅尼

**池禅尼（いけのぜんに　生没年不明）**平安時代末期に生きる。本名は藤原宗子。父は藤原宗兼、母は藤原有信の娘。平忠盛の正室。平清盛の継母。夫忠盛の死去に伴い落飾、六波羅邸内の池殿に住む。源頼朝が亡き息子家盛に似ていることで、殺そうとする清盛を説得。結果的に平家滅亡を招く。九死に一生を得た頼朝は恩を忘れず、彼女の息のかかる兵に対して、決して弓を引かせなかった。

### ●湯水を断って行った頼朝の命乞い

池禅尼は平忠盛の後妻で、平清盛の継母ということになる。忠盛との間に家盛と頼盛の二人の男子をもうけたが、家盛は若くして病死してしまう。仁平三年（一一五三）に忠盛が亡くなると出家し、京都六波羅の池殿に住まいを移したことから、池禅尼と呼ばれるようになった。

平治の乱（一一五九年）の際、当時十三歳の源頼朝は池禅尼の息子である平頼盛の家来・平宗清に捕らわれてしまう。ところが、宗清は頼朝が可愛げのある子供だったので、殺したくなかった。それで池禅尼に対して、「頼朝は亡くなった家盛様とそっくりでございます」と伝えると、彼女は顔色が変わるほど動揺を見せた。

池禅尼は大将の平清盛に、「なんとか助けてください」と頼朝の助命を嘆願した。頼朝の母親は尾張（名古屋）の熱田神宮大宮司藤原季範の娘だから、池禅尼自身とも血縁関係がないわけではなかった。

だが、清盛は撥ねつける。

「それはなりません。頼朝はまだ小さな子供だけれども、親の源義朝が他の兄弟があるにもかかわらず一番重んじた子供です。そんな子供を生かしておくわけにはいかない」

ところが、池禅尼はどうしても諦め切れずに、湯水を断って、清盛に頼み込んだ。同時に、清盛の息子の重盛や自分の息子の頼盛も動かした。

そして清盛に向かいこう言い放った。

「私の夫の忠盛様が生きておられたら、こんなことはないでしょう。あなたは私が継母だから言うことを聞かないのですね」

執拗にごねられた清盛は、粘り負けし、とうとう折れてしまう。

## ●恩義を守った頼朝

頼朝は、伊豆の蛭（ひる）ケ島というところに流された。おそらく清盛は、蛭ケ島が本当の島だと思っていたのではないだろうか。これは川の中洲のような格好の島で、要するに普通の場所であった。

命を助けられた頼朝が池禅尼に御礼の挨拶に行くと、池禅尼は「これからは穏やかにお暮らしなさい」と言って、仏門に入ることを勧めた。僧侶になれば、もう命を狙われることはないのだから、と。

しかし頼朝は、いろいろと理屈をこねて、絶対に髪を切らなかった。命が危なくなったから寺に逃げて、また娑婆（しゃば）に戻って来たと思われたのでは、将来、源氏復興の際に示しがつかないと考えていたのであろう。

それから二十年後、清盛が予言したとおり、頼朝は平家追討の兵を挙げた。しかし、頼朝は池禅尼の恩を忘れることなく、「池殿の侍には弓を引くな」と厳命している。

池禅尼の息子平頼盛が一ノ谷に向かう時、忘れ物をした頼盛は三百騎の兵を連れて京へと戻った。その周囲にはずらりと源氏の兵がいたが、誰一人として頼盛の軍勢には弓を引かなかった。ことほどさように徹底していたわけである。

その頼盛は源氏に招かれて助かったが、壇（だん）ノ浦で平家が滅亡した後、出家した。

また、頼朝を最初に助けた平宗清は、主の頼盛が源氏に助けられた時も、「自分はやはり平家の人間だから」と言って頼盛と別れて屋島で討ち死にしている。

この頼朝の例から、後の戦国時代においても、捕まえた敵方の跡取りの男子は殺したほうがいいとのルールが定着したようである。

## 12 第五代執権・北条時頼に倹約精神を教えた賢母——松下禅尼

**松下禅尼（まつしたぜんに　生没年不明）**鎌倉時代中期を生きる。鎌倉幕府の御家人安達景盛（あだちかげもり）の娘。北条時氏の妻。鎌倉幕府四代執権・北条経時、五代執権・北条時頼（ときより）の母。京都六波羅探題（ろくはらたんだい）だった夫時氏が一二三〇年に亡くなると出家。質素倹約を美徳と任じ、後に執権となる息子たちに教示した。とりわけ時頼との障子張り替えをめぐる話は後世に伝えられ、時頼が名君と成す背骨となった。

### ●身をもって教えた倹約精神

松下禅尼は、源実朝（さねとも）が亡くなった時に歎いて高野山に入った安達景盛（あだちかげもり）の娘で、鎌倉幕府四代執権・北条経時（つねとき）、五代執権・北条時頼（ときより）の母である。なかでも時頼は最明寺入道（さいみょうじにゅうどう）といわれ、北条泰時と並び称される名執権として知られる。謡曲「鉢木（はちのき）」の主人公時頼である。

夫の北条時氏が三十前に亡くなると、松下禅尼は実家の安達家へ戻り、子供たちを育てた。そして、長男の経時は十九歳で鎌倉幕府四代執権の座に就くものの、二十三歳で亡くなってしまう。その後継となったのが次男時頼である。

『徒然草』などにも載った時頼をめぐる逸話がある。

時頼がまだ相模守だった頃、自宅に招待した松下禅尼は、せっせと障子張りを行っていた。それを見ていた兄の安達義景と松下禅尼はこんな言葉を交わした。

「そんなことは男どもにやらせておけばいいでしょうに」

「いや、男どもよりは私のほうがうまいですって」

「それならそんなに継ぎ接ぎしないで、全部張り替えたらいいでしょう。そのほうがきれいですよ」

兄がそう言うと、松下禅尼はこう返した。

「わかっています。どのみち後で全部張り替えるのだけれど、きょうはこうしておきます。息子に継ぎ接ぎするような倹約を教えたいのですよ。武家の子女は質素倹約でなければならないということを、身をもって教えたいのです」

こういう母親がいたからこそ、最明寺入道のような立派な執権が生まれたのであろう。

これは一つの日本の上流階級の富裕の文明といってもいいぐらいで、シナや西洋ならば、偉くなった人間は必ず贅沢をするものだ。ところが日本では、最高の権力者の母親が障子の切り張りをして手当てをするという慎ましさを備えている。

私見ではあるが、これは確実に北条政子からの伝統で、彼女が『貞観政要』をよく読んでいたからだろう。北条家では女性を通じて『貞観政要』が一族によく伝わっていたのである。

## 13 武士の時代にもてはやされた武勇の女――板額

**板額（はんがく　生没年不明）** 平安時代末期から鎌倉時代初期にかけて活躍した女武者。身の丈一八〇センチといわれる巨軀の持ち主。平家系。同時代の巴御前と並び称される弓矢の名手。越後の豪族城資国の娘として生まれる。鎌倉軍との戦いに敗れ捕虜となるも、敵方武将に見初められて嫁となる。容貌粗悪説が有力だが、『日本史学新説』は逆説をとなえている。

### ●巴御前とは反対の立場

日本史上、武勇の名をとどめたもう一人の女性は板額である。

越後の豪族城資国の娘で、城資盛の叔母にあたる。板額の兄の城資永は平家の出で、越後守であった。

平家だから、木曾義仲が兵を挙げた時に討つ立場にあった。従って、同じく女傑の誉れ高い巴御前とは逆で、こちら側は義仲を討つほうであった。

ところが、資永は病死してしまう。それで板額の甥の資盛が越後で兵を挙げたが、それに対して佐々木盛綱を鎌倉幕府は派遣してきた。

越後鳥坂城における鎌倉軍との戦いに板額も一緒に戦った。最初は城の中で傷ついた侍の負傷の手当てを行っていたが、そのうちに見かねて長い髪をばっさり切り童形にすると、鎧の腹巻をつけて櫓の上から強弓を連射した。

鎌倉軍はひるんだ。弓を打たれ続けられると嫌なもので、なかなか攻められないらしい。板額の加勢で攻めあぐんだ佐々木盛綱は一計を案じ、部下の藤原清親を密かに裏の山にやり、背後から板額を狙わせた。

清親が放った遠矢が板額の腿を射抜き、板額は鎌倉軍に捕らえられる。資盛軍は敗れ、越後鳥坂城は落城した。

その後、板額は鎌倉の二代将軍頼家のところに連れていかれた。当然重罪になると覚悟していると、甲斐の侍の浅利義遠という男が、頼家に申し出た。

「この武勇の女を嫁にしたい。私もそういう強い子供がほしいからです」

巴御前とは反対の立場で戦った板額ではあるが、巴同様、敗れた後に敵方の男から見初められるということは非常に興味深い。

武家時代には、武勇がある女性はいくらでも貰い手があったことを示している。

## ●醜婦という評価が定着

『大日本史』には、板額のことを容貌粗悪と書いてある。頼山陽の『日本外史』では、「醜にして多力、能く射る」と書いてある。さらに『吾妻鏡』においては、「但し顔色においてはほとんど陵園の妾に配すべし」とある。要するに、墓守の女房にしたらいいぐらいだろうというわけである。

だから、巴は美女であるが、板額のほうはどうやら醜婦という評価が定着しているようである。ちょっとかわいそうな気がしないでもない。

ところが、明治時代の歴史学者が従来の定説の誤りを指摘した『日本史学新説』（一八九二年）の中で、著者の一人である星野恒は、「陵園の妾　色花の如く命葉の如し」という『白氏文集』の言葉があるのを発見して、板額は必ずしも醜くなかったのではないかという新説を発表している。

源平の戦いから鎌倉、北条氏の戦い、そして応仁の乱、戦国時代という日本の歴史のなかで、本当に腕力で強かった女性はこの二人しかいなかっただろうと私はみている。

近代になると、あまり誇張した話も伝わりにくくなったのではないだろうか。昔の人は少し強い女性が登場してきて、男を一人でも殺そうものなら、凄まじい鬼のように誇張したであろう。

たとえば、北京五輪の女子ソフトボールで獅子奮迅の活躍をみせて日本人を感動させた上野投手がいたけれど、やはり、彼女にしても大リーグでは投手にはなれなかったであろう。ボクシングにも強い女性がいるが、男のボクサーと比べたら、話にならない。もちろん普通の男と比べたら強いのだろうが、同じ道のプロの男とは勝負にならないはずだ。

ところが、武家社会における武士は正真正銘の殺しのプロフェッショナルである。子供の時から殺し合いの訓練ばかりやっている連中だから、いくら男まさりの女性でもそう簡単に殺せないはずだ。ただし、弓が上手だったりすると、たまたまうまく殺したり、あるいはたまたま弱い者と戦えば勝てたかもしれない。

男同士の勇ましい武者ばかりいた時代だから、ちょっと評判の女傑がいるとなると、話としてものすごく尾ひれはひれがついて伝わった可能性は否定できない。それで、そんなすごい女なら、さぞかし強い侍となる子を産んでくれるだろう、子孫繁栄のために嫁にほしいということですぐ貰い手が出たのではないか。これも武家社会ならではの特徴とみていいだろう。

## 14 建武の中興を台無しにした張本人は〝尽くす女〟だった――阿野廉子

**阿野廉子（あのれんし　一三〇一～五九）**鎌倉時代後期、南北朝時代の女性。藤原家の流れをくむ阿野公廉（あのきんかど）の娘として生まれる。後醍醐（ごだいご）天皇の側室となり、天皇の隠岐（おき）流しの際にはただ一人同行。建武の中興後、従二位に昇進。後醍醐天皇の寵愛を一身に受けたことから、人事や褒賞分野にことごとく干渉し、武士たちの不興を買う。その後、天皇とともに吉野に下り、南朝創設に尽力した。

### ●建武の中興を台なしにした張本人

一言でいえば、建武の中興（一三三四～三五年）をぶち壊した女性である。阿野公廉（あのきんかど）の娘で、後醍醐（ごだいご）天皇の中宮禧子（きし）に従って中宮に入ると、天皇の寵愛を受けるようになった。恒良（つねなが）親王を産み、のちに後村上（ごむらかみ）天皇となる義良（のりなが）親王を産むなど、男子三人、女子二人の母となった。

重要なのは、後醍醐天皇が鎌倉幕府の倒幕に敗れ、隠岐に流された時のことである。隠岐の島は当時の京都の人から見れば鬼ケ島みたいなものだったから、誰もついていこうとしなかったが、男では一条行房と千種忠顕、女では阿野廉子のみがお付きとして同行した。彼女は菅の笠をかぶり、杖を持ち、草鞋に足を痛めつつ、天皇の輿に従ったのである。三人の親王は、幕府派の西園寺公宗に預けられた。

阿野廉子は非常に頭が切れ、情報分析力を備えていた。隠岐に流されてから約一年後、鎌倉幕府はいよいよ求心力を失っているとの一報を得ると、挙兵の機が熟したと判断する。深夜、たまたま仕えていた侍女が産気づいたのを利用して、輿を用意させ、天皇と二人で乗り込み、隠岐から抜け出した。

そこから、建武の中興が本格的にはじまる。後醍醐天皇は山陰地方で挙兵、山陽道地方では領主の赤松円心が挙兵、後醍醐天皇追討のため鎌倉幕府の送り込んだ足利尊氏が幕府を裏切って六波羅探題を落とし、鎌倉では新田義貞が挙兵して北条氏を滅亡に追い込むなどして、建武の中興が成った。

建武の中興によって、阿野廉子は旧北条幕府の大佛貞直の所有していた一等地をもらい、従二位という非常に高い位を得た。『太平記』には「女謁」という言葉が出てくる。皇帝に仕える女性が、君主の寵愛を利用して、頼みごとをすることだが、当時の阿野廉子はまさしくそれで、建武政権の論功行賞にことごとく口をはさみ、倒幕に活躍した者たちに対する恩賞や地位が左右されたりした。

建武の中興の大功により征夷大将軍になった護良親王を失脚させたのも廉子だと言われている。足利尊氏が武勇のすぐれた護良親王を忌避したが、尊氏の親王に対する讒言を天皇に吹き込んだのは彼女である。彼女の干渉によって与えられた恩賞はアンフェアで、貢献した武士たちはないがしろにされ、賄賂を贈ってきた公家や僧侶を手厚く遇したとされる。『大日本史』は彼女のために「賞刑紊乱し群下憤疾す」と書いている。

当然ながら武士たちの不満がつのり、二年後、後醍醐天皇に背き足利尊氏が挙兵、後醍醐天皇を守ろうとした楠木正成、新田義貞は討ち死にし、後醍醐天皇と阿野廉子は吉野に逃げた。いってみれば、建武の中興を台なしにした張本人が阿野廉子であったのだ。

## ●系統からは三代の南朝天皇

『太平記』には、「男を生むことを軽んじて女を生むことを重んじる」という一節がある。これは長恨歌の楊貴妃のごとく、建武の中興のときの阿野廉子の権威がいかに強かったかを表している。

結局、建武の中興は破綻し、吉野に下った後醍醐天皇は南朝を立てた。一方、後醍醐天皇を京都から追い出した足利尊氏のほうは光厳天皇を立てて北朝を樹立し、いわゆる南北朝時代がはじまる。阿野廉子は南朝においても政治に関与し、息子の義良親王は後に即位されて後村上天皇、九十七代天皇となった。

そして、一番の宿敵の足利尊氏が五十四歳で死んだ翌年、正平十四年（一三五九）に阿野廉子は五十九歳で吉野の地で亡くなっている。吉野に行っても、

「祈りおく　心の闇も　いつ晴れて　雲井にすまむ　月を見るべき」

と、いつ南朝が正朝に戻るでしょうかという歌を詠んでいた。

阿野廉子の系統から九十七、九十八、九十九代と三代にわたり天皇を出すが、九十九代のときの後亀山天皇が北朝と和解し、北朝が正統となる。

建武の中興をたった二年でつぶす原因になった女性であるとはいえ、ともかく後醍醐天皇に対しては徹底忠実であった。天皇が隠岐島から都に帰るときも、阿野廉子が知恵を授けたわけだし、天皇としては彼女の言葉を軽く考えるわけにはいかなかったのであろう。

## 15 抜群のビジネスセンスで蓄財、義政の道楽を支えた妻——日野富子

**日野富子（ひのとみこ　一四四〇〜九六）**　室町幕府八代将軍足利義政の正室。父は蔵人右少弁・贈内大臣の日野政光、母は従三位の北小路禅尼。九代将軍足利義尚の生母。夫義政の側室を切腹に追い込んだり、息子の義尚を強引に将軍にさせようと画策し、応仁の乱の原因をつくったことから、一般的には悪妻のイメージが強い。当時としては抜群のビジネスセンスで財を築き、義政の贅沢をバックアップした。

### ●高利貸しや米の買占めで財を築く

有力公家の娘に生まれた日野富子は十六歳で室町幕府八代将軍の足利義政と結婚する。ところが、義政にはすでに十歳年上の今参局という妾がいた。今参局は、はじめは義政の乳母だったのだが、当時は乳母が性教育を教える役目を果たしてもいたので、こういうケースも珍しいことではなかったのである。

義政自身、十五歳の頃には数人の側室を持ち、三人の子供がいたが、その中では、今参局が圧倒的に信頼されていたようである。そんなことで当時権勢を誇っていた今参局、有馬持家、烏丸資任の三人、「いままいり」の「ま」、「ありま」の「ま」、「からすま」の「ま」をとって、「天下の三魔」といわれていた。

富子は義政との間に女子を生んだが、男子は生まれなかった。そんな折、「男子が生まれないのは、今参局が呪いをかけているからだ」といういい加減な風説を鵜呑みにした義政は、今参局を岩国の沖ノ島に流すことにした。ところが、途中で殺されることがわかっていた今参局は、女性としては珍しく切腹してしまう。

今参局が死に、姑の足利重子も死ぬと、日野富子の重しとなる者はいなくなった。しかし、彼女にはまだ男の子が生まれない。そこで義政は弟の義視を後継者にするため還俗させ、細川勝元を後見人にした。

ところが、この義視が元服して三日目、富子に男子が生まれた。それが後の義尚である。富子二十六歳の時のことであった。今度は義視の向こうを張って、細川勝元に対抗するため、山名宗全を義尚の後見人にした。この両方が張り合っているうちに、畠山家の内乱が絡み合い、京都じゅうを焼け野原にした応仁の乱（一四六七～七七年）へと突入していったのである。

日野富子は公家の出身ではあったが、頭がよく切れ、現実処理能力に秀でていた。貨幣経済時代の到来をいち早く察していたという説もあるが、それは本当であろう。今でいうグレーゾーン金利の高利貸しを始めたり、米の買い占めなどを積極的に行い、財を築いた。当時、「天下の金は御台所にござった」といわれるほどであった。

しかも、ただ金を儲けただけではなく、御所の修理を積極的に行ったり、応仁の乱を逃れて奈良に疎開していた学者の一条兼良（一四〇二〜八一年）を呼び寄せ、多額の金を払って『源氏物語』の講釈をさせたりしている。兼良は乱のために一条家の文庫桃華坊の厖大なコレクションが失われたが、奈良に疎開している間に『源氏物語』の研究に没頭し、その古典的注釈である『花鳥余情』（一四七二）を完成させていたのである。応仁の乱の直後からやがて戦国時代になると、『源氏物語』が非常に尊ばれるようになるのだが、そのはしりがこのあたりであると思われる。

## ●義政の贅沢三昧を支える

文明五年（一四七三）九歳の息子義尚が九代将軍となった。その時、日野富子は五十七歳。義政は将軍を辞して東山に移り、銀閣寺を建てた。茶室をつくり、それこそ独特の美術観を備えていた義政は、シナでは評価されない牧谿の絵を評価した。茶碗にも造詣が深く、義政が評価したものはお茶の世界では「大名物」といって特別に貴ばれた。要するに、後世に続く日本の趣味（テイスト）を決定する役割を担ったのが義政だったのである。

そのように足利義政が贅沢三昧で趣味を極められたのは、日野富子の手腕によるところが大きいといえよう。日野富子を悪く言う人は多いけれど、経済が疲弊していた応仁の乱の頃に大儲けをしたのは、際立った経営感覚の持ち主だと評価したい。

当時としては経済意識が一歩進んでいたことと、やはり身分があるから、高利貸しもやりやすかったのではないかと思う。それに、将軍の妻からお金を借りて、そうそう踏み倒すわけにはいかなかったであろう。

それにしても、応仁の乱にもかかわらず、日本の美的センスを義政をして決定させたのは、日野富子の財力のおかげだといえるかもしれない。

たいていの人は応仁の乱をマイナスに評価するのだが、なかにはプラスに評価する人もいる。明治時代の内藤湖南はその一人で、

「日本の現代をわかろうとするならば、応仁の乱以前に戻る必要はない。たとえば日本の

名家はすべて応仁の乱以後のもので、それ以前のものはすべて伝説である」

という主旨のことさえ言っている。

それから、それまでは皇室のみのものであり、民衆と関係のなかった伊勢神宮が、応仁の乱によって財政難に陥り、伊勢の御師（おんし）が日本中を回って伊勢神宮崇拝と民衆を結びつけた。その後、伊勢参りは日本における一つの文化になるのだが、結果的にそれは応仁の乱のおかげなのである。それまでは伊勢神宮を一般の人が参拝することはなかった。

もう一つ、日野富子を評価していいのは、すでに述べたとおり『源氏物語』復興に尽力したことであろう。一条兼良という当時最高の文化人を京都に呼び戻し、公家たちに講義をさせた。公家たちは、地方に行き自分の知識を広めるわけだが、そのときに地方で喜んで受け入れられたものの一つが『源氏物語』だったのである。

# 16 不運の夫に最後まで尽くした妻の覚悟――武田勝頼の妻

**武田勝頼の妻（一五六三～八二）** 正確な名前は不明。小田原城主・北条氏康の六女。一五七七年に武田勝頼に嫁いだ。その翌年、実家の北条家と武田家が断交するも、夫から離れず、武運長久をひたすら祈った。織田軍との戦いは敗色濃厚。父信玄時代に忠誠を誓った家臣たちが次々と離反するなか、夫は何度も実家へ戻れと命じるが、応じない。悲劇の武将勝頼に最後まで連れ添って二十歳で死亡。

## ●家臣の背信により追い詰められる

戦国時代は何といっても、女性が将棋の駒のように扱われて結婚させられた時代であった。その中でも典型的に操を正して人生を全うしたのが武田勝頼の妻といわれる。

彼女は時の小田原城主・北条氏康の六女として生まれ、十五歳のときに勝頼に嫁いだ。

勝頼は二十歳の時に信長の養女・雪姫を妻にもらったが、雪姫は信勝を産んでまもなく亡くなっている。それから十二年後、後妻として彼女を迎えたのである。

この夫婦は非常に仲がよかった。夫婦仲がよくないと、あまり女性は貞烈にならない。北条家から嫁に行った直後は幸福だったが、翌年に北条家と武田家が国交断絶となる。上杉謙信の死後、上杉家の景勝と景虎が争ったことが原因であった。

当然、北条家としては氏康の七男の景虎を応援した。ところが、勝頼が景勝側についたことから、北条家側は激怒、武田家とは縁が切れた。両家の板ばさみとなった勝頼の妻の心境はいかばかりであったろうか。

ちなみに、実際には景勝が上杉家の後継者となった。

あとは史実が伝えるとおり、勝頼夫妻は時代の坂をまっさかさまに転げ落ちていく。勝頼はなかなか勇敢な武将であったが勝運と家臣に恵まれなかったようだ。天正三年（一五七五）長篠の合戦の大敗以降、急速に勢力が衰え始めた。続いて、徳川軍に敗れ、遠江国の高天神城を失うと、木曾義昌や穴山梅雪など親族の重臣たちに次々に裏切られ、武田家自体の存続が危うくなってきた。

武田勝頼の妻は天正十年（一五八二）二月、武田八幡宮に夫の勝利を祈念する自筆の願文を奉納した。

しかし、その効き目もなく、今度は織田軍に追い詰められ敗走。やむを得ず、籠城先に火を放って、これも代々の家来である小山田信茂(のぶしげ)の甲斐岩殿城へと向かったが、そこでも背信に遭(あ)う。

## ●夫とともに果てることこそが願い

敗走を重ねる途中、勝頼も腹心たちも何度も勝頼の妻に対して、「実家の小田原城に帰りなさい。あなたは生き延びなさい」と諭(さと)したのにもかかわらず、彼女は「夫とともに果てることこそがわが願い」と言い張って、どうしても離れようとしない。

頼みの綱と信じ家臣小山田信茂を頼っていったところ、鉄砲で撃ち返された勝頼の軍は、結局バラバラになった。家来も逃げて輿(こし)をかつぐ者もなく、荷駄馬(にだば)の背に乗るより仕方なかった。従う侍女たちも菅笠(すげがさ)をかぶり、草履(ぞうり)ばきでお供した。こうしてわずか数十人で武田家ゆかりの天目山(てんもくざん)を目指すも、その途上の田野において、織田軍に囲まれ、勝頼軍は全滅する。四百五十年続いた武田家はここに滅亡したのである。

当時、勝頼三十七歳、妻は二十歳。勝頼は自刃する妻の介錯(かいしゃく)を忠臣土屋昌次(まさつぐ)に命じた。

土屋が初めて近くから見た勝頼の妻は、文献では、誇張交じりに「楊貴妃衣通姫吉祥天(ようきひそとおりひめきっしょうてん)

女もこれほど艶かしくはないだろう」と記されている。

　彼女は自ら守り刀を抜いて、俯きに伏して自分で刺した。結局は、勝頼自身が急いで介錯し、死体を抱きしめて暫しものも言われなかったと伝えられている。

「黒髪の　乱れたる世ぞ　果てしなき　思いに消ゆる　露の玉の緒」

　彼女が乳母に託して小田原城に切った髪とともに送った辞世の句である。

　それにしても、勝頼の末期はあまりにも悲惨なものであった。家臣の男たちがみんな寝返ってしまったこととはまさに好対照といえる彼女の覚悟である。

　帰ろうとすればいくらでも帰れたのに、最後まで夫に殉じた。勝頼の人生は不運に満ちていたが、彼女にここまで愛されたことは男冥利に尽きるといえるだろう。

## 17 関ケ原の戦いの命運を分けた女の意地――北政所

**北政所（きたのまんどころ　一五四八〜一六二四）** 幼名はおね。高台院。豊臣秀吉の正室。十四歳で秀吉の木下藤吉郎時代に嫁ぎ、夫の立身出世をサポート。子供に恵まれず、加藤清正や福島正則たちの親代わりを務める。秀吉が関白就任後は北政所と呼ばれる。後に側室淀君が大坂城に入ると、京都に移り住む。関ケ原の戦いで徳川側についたため、終生家康から厚遇を得た。

### ●前田利家をソデにして秀吉を伴侶に選ぶ

北政所とは豊臣秀吉の正室のおねのことである。尾張織田家の足軽・杉原定利の次女で、母は木下家利の娘である。織田信長の家来の浅野長勝に養女として育てられた。

養父の浅野長勝と親しかった前田利家が「おねを嫁にくれ」と申し出たが、どういうものか長勝は承知してくれない。

困った利家は、「なぜ自分の願いを長勝は受け入れないのか。自分はどうしたらいいだろうか」と今度は木下藤吉郎時代の秀吉に尋ねた。

すると秀吉は「おねには約束した者がいるからだ」と聞き捨てならないことを言う。利家が気色ばんで「そいつは誰だ？」と聞くと、「実は拙者だ」と返した。みんな秀吉の嘘であった。だが、利家はそれを真に受けて、「それでは拙者が仲人になろう」と申し出たのだった。

結局、おねは前田利家をソデにして秀吉を選んだ。二人の結婚は盟友柴田勝家から信長へ伝えられ、信長から許された。秀吉二十五歳、おね十四歳であった。

貧しかった秀吉は、新婦をスノコの上に藁を敷いて迎え、欠けた茶碗で固めの盃を執り行った。おねは結婚後、秀吉によく仕えよく耐えたが、秀吉の女好きが度を越した時には「スノコの上で、欠け茶碗で式を挙げたことを忘れなさるな」と釘を刺していたといわれている。

天正十三年（一五八五）、秀吉が関白の位を得ると、おねは北政所と呼ばれ、最後には三后に準じて従一位となる。太皇太后、皇太后、皇后を三后というが、三后に準じる従一位だから、女性としてはもうこれ以上の位はない。秀吉亡き後、北政所は京都で尼となり、秀吉の冥福を祈りながら亡くなった。

## ●淀君に嫉妬

秀吉とおねの二人は尾張弁で喋り合うので、常に怒鳴り合っているような感じで、周囲には夫婦喧嘩をしているように聞こえたらしい。ひとたび本物の夫婦喧嘩になれば、それは凄まじい怒鳴り合いとなったという。

夫の秀吉は、家康とは反対に、身分の高い女性に関心を抱いていた。出世するにつれ、加賀の局（利家の三女）、三の丸（信長の五女）、松の丸（京極高吉の長女）、姫路の局（信長の姪）、三条の方（蒲生氏郷の妹）、淀殿（浅井長政の長女）など多くの側室をもつようになった。

北政所（おね）にももちろん嫉妬心もあって、若い頃は信長に愚痴をぶつけたこともあったようだ。そんな北政所に、信長はこんな手紙を送っている。

「ハゲネズミ（秀吉）には、あなたのようないい女房が二度と現れることはないから、奥方らしく、落ち着いてすごすように」

ただ、この夫婦には子供がいなかった。従って、北政所は秀吉の子供を産んだ淀殿には嫉妬したのではないだろうか。最初、秀吉は浅井長政の長女茶々を淀城に入れていたが（それで彼女は淀君とか淀殿と呼ばれるようになった）、淀殿が男子を連れて大坂城に移ってくると、北政所は大坂城を出て京都に移り、高台院（こうだいいん）に入ってしまった。

彼女にしてみれば、淀殿や秀頼が中心となる豊臣家の行く末にはあまり関心がなかったのかもしれない。豊臣家の天下保持よりも淀君に対する反感のほうが勝っていたのではないかと思われる。

## ●関ケ原の戦いの命運を分けた女の意地

北政所が女として内に秘めていたものが現れたのが、天下分け目の関ケ原の戦いの時であった。

大物武将となっていた加藤清正（きよまさ）や福島正則（まさのり）たちは皆尾張の出身で、小僧時代から北政所に面倒をみてもらった連中であり、彼らは北政所にはまったく頭が上がらない。それはちょうど広域暴力団山口組の物語などを読むと、山口組の幹部が下っ端の頃に世話になった姉御には非常に恩義を感じていることが語られているが、それと同じような状況があったかと思う。

淀君のほうについたのは、石田三成を筆頭に、秀吉がかなり出世してから家臣となった連中であった。彼らが淀君についたことが、高台院（北政所）としては面白くなかった。そこで女の意地を見せた。

かたや、秀吉亡き後、徳川家康は北政所に対して常に格段に丁重に扱ってくれていた。関ケ原の戦いは、家康としては、別に豊臣家を討つという意味ではなかった。要するに、三成が兵を挙げたから三成を討つという建前であり、豊臣家を討つとは言っていない。さすがに豊臣家を討つと言えば、高台院も豊臣家恩顧の者たちすべてに戦えと命じたと思う。しかし、ニュートラルな視線で情勢を見れば、家康が天下を取りそうな形勢であるし、そうなった時にはどう身を処するのかという気持ちも動いたかもしれない。とにかく、豊臣家を討つというわけでなく、石田三成を討つのであれば、「あんた方、淀殿にくっついているやつなんかに味方するんじゃないよ」とひとこと言えば、高台院に恩義ある連中は従わざるを得なかった。

加藤清正は関ケ原には参加しなかったし、福島正則は家康側について関ケ原の戦いの動きを左右した。これらはすべて高台院のおかげであると家康は思ったのではないか。その証左に、家康はその後も、高台院に対しては、徹底的に篤く遇している。

たとえば沐浴料（風呂に入る代金）として河内の国一万六千石を与えている。また、高台寺を建て、そこに五百石をつけた。さらに身寄りの者には三千石も与えた。

豊臣家の勃興から滅亡のすべてを見届けた高台院は七十六歳でその生涯を閉じた。

## 18 前田家の繁栄を支えた良妻賢母 ―― 前田利家の妻

**前田まつ（まえだまつ　一五四七～一六一七）** 尾張国海東郡沖之島に生まれる。父の死後、利家の父前田利正の養女となる。一五五八年に利家に嫁ぐ。良妻賢母の理想の女性として、夫利家を支える。夫の出世の分水嶺となった越中富山城主佐々成政との戦いでは多額の資金を用立てた。利家が没してからは芳春院を名乗る。前田家が徳川家康から謀反の疑いをかけられた際、自ら人質となる。

### ●敵方有利の下馬評に金銀を手渡し発破をかける

前田まつは加賀百万石を築いたといわれる前田利家の妻である。信長の家来であった篠原主計の娘で、父が四歳の時に死に母が再婚すると、母の妹の嫁ぎ先の前田家で育てられた。利家はまつの母の妹の子だから、二人はいとこ同士の結婚ということになる。その時、利家は二十一歳で、まつは十二歳であった。

こうしたいとこ同士の夫婦というのは昔から「鴨の味」といい、仲むつまじくあまり夫婦喧嘩をしないといわれる。要はいとこだから、生活感覚はおおよそ似通っているわけだし、昔からの付き合いで、性格の長所も短所もわかり合っているからであろう。

やがて、二人は一男四女をもうける。さらに利家は側室に七人の子供をもうけたが、まつはおおらかに対応していたらしい。

利家は天正十一年（一五八三）の賤ケ岳の戦いの際、柴田勝家側についた。だが、吉川英治の『新書太閤記』でおなじみのとおり、勝家は亡びたけれど、秀吉は利家を罰するどころか逆に高くとりたてた。

その翌年、金沢に移った利家は、織田家の勇将として名高い越中富山城主の佐々成政と戦うこととなる。しかし、佐々側圧倒的優勢、利家側に勝ち目は薄いという下馬評が立っていた。その時まつは金銀の入った革袋を利家に手渡し、発破をかけた。

「とにかく金銀などは取っておかないで、今は侍をたくさん召し抱えなさい。佐々と戦うなら槍武器も必要でしょうから、このお金をお使いください」

有名なシーンである。

## ●前田家存続のため人質として江戸に十五年間住む

利家が亡くなると、まつは髪をおろして芳春院となる。

ところが、大坂城に詰めていた長男の前田利長が父利家の葬儀のため金沢に戻ったことを、徳川側が追及してきた。

「秀頼様の保育係であるのに勤めを無断放棄するとはけしからん。家康様に背く（暗殺する）気か」

利長が帰国したのは家康の勧めがあったからだが、利家の遺言には、「三年は大坂を離れてはならぬ」と書かれていた。

当時血気盛んだった利長は、「謀られたか」と言って、軍備を整え始めた。しかし、まつは利長を制し、鉾をおさめさせた。家老たちと相談し、弁明の使者を大坂に送った。

徳川側はそれではおさまらず、「人質を出せ」と命じてきたことから、次男の利政の強い反対を押して、まつが「私を差し出せ」と言って、江戸に向かった。その時、まつは利長にこう説いた。

「侍はともかく家を守ることが一番重要なのだから、肩肘張って家をつぶすようなことがあってはなりません。いくら母親のためでもなりません。もう自分は老い先短いし、これであちらがおさまるならいいでしょう」

その後、前田家は関ケ原の戦いで家康の東軍についたことで、徳川側との関係は改善した。それでもまつは十五年間江戸に住み続け、六十八歳でようやく金沢へ戻ることを許される。そしてその三年後に七十一歳で死去した。

大名の奥方たちが江戸に住むようになった先例をつくったのがまつであった。進んで母親が人質となって江戸へ出たのは加賀百万石の誇りであると、前田家では語り継がれているそうである。まつとしては、自分の実家も前田家であり、奥方として家のために尽くしたいと考えたのは、当時としては当然であったかもしれない。

## 19 浅井長政・お市の方の娘、美人三姉妹の明暗——淀殿（お初・お江）

**淀殿（お初・お江）（よどどの　一五六七〜一六一五）**本名は浅井茶々。豊臣秀吉の側室。近江の戦国大名浅井長政と織田信長の妹お市の方の娘として近江国小谷に生まれる。母の再婚のため、二人の妹とともに豊臣秀吉に引き取られる。二十二歳のときに秀吉の側室となり、秀頼を産む。秀吉の死後は大坂城に入って北政所となるが、大坂冬の陣で、妹のお初などに説得され和議を決めてしまい、後の豊臣家滅亡の原因をつくった。

### ●勝家とともに自刃した母

淀君の父親は浅井長政で、母親は織田信長の妹お市の方である。浅井長政が信長に攻められ近江小谷城が落ちる際、お市の方は茶々（後の淀殿）、お初、お江の三人の娘を連れて城を脱出、お市の方輿入れから帯同してきた藤掛三河守に守られ、信長の陣に避難した。

この三人の女子は信長の弟信包に養育され、清洲城で暮らした。そして、本能寺の変

（一五八二年）が起き、その後の清洲会議において、「信長の跡継ぎをどうするか、領地をどう処分するか」などが論じられた。その時、三男信孝の案で、お市の方は柴田勝家と結婚することになり、三人の女姉妹は越前北ノ庄に向かった。

ところが、天正十一年（一五八三）の賤ケ岳の戦いで勝家は秀吉に敗れてしまう。お市の方は勝家に逃げろと命じられたが、「一緒に死にます」と自刃する。戦国の世、やはり仲の良い夫婦は一緒に命を終えたし、それが夫に殉じる女の道だったのであろう。

また、お市の方としても、そんなに何度も嫁に行かされるのは嫌だという気持ちもあったかもしれない。当時の女性はまるで将棋の駒のように扱われており、もううんざりだったとも考えられる。

残された三人の娘は秀吉が引き取った。

## ●大坂冬の陣を終わらせた立役者

次女のお初は、近江の京極高次に嫁ぎ、化粧料として秀吉から二千五百石を与えられた。お初十九歳、京極高次二十五歳。京極高次の母は浅井長政の妹だから、これもいとこ同士の結婚であった。

京極家は足利時代の名家で、室町時代には近江の北半分の守護職、侍所の所司も任されていたとはいえ、次第に勢力は衰えてきていた。信長時代には五千石が、秀吉時代のお初の輿入れの頃には一万石が、さらに大津六万石が与えられた。

関ケ原の戦いの際、お初は夫高次に対して、「東軍につきなさい」と忠告をするなど、非常に目先の利く女性であった。高次は大津城を守ろうとしたが、守り切れずに高野山に逃げた。

しかし、一応西軍の足止めをしたことによる論功行賞で、家康から四十万石を提供されたが、高次はそれを辞退、若狭小浜に八万五千石を与えられた。夫の死後、お初は剃髪(ていはつ)して常高院(じょうこういん)となった。

慶長十九年（一六一四）大坂冬の陣の際、家康の命令によりお初は家康の側室阿茶局(あちゃのつぼね)と一緒に大坂城に入り、実姉の淀君と秀頼を説得して、大坂冬の陣を終わらせるという大手柄を立てている。

## ●三度目の結婚相手は徳川秀忠

次は三女のお江である。お江のことを小督(おごう)の方と呼ぶ人もいる。お江は十四歳の時に尾張大野城の佐治一成・五万石と結婚する。夫佐治一成の母親は信長の妹で、やはりこれもいとこ同士の結婚であった。従って、茶々、お初、お江の三姉妹の中で、お江がもっとも早く嫁いだことになる。

秀吉は一成配下にある歴戦の佐治水軍が欲しくてお江を輿入れさせたといわれているが、ある時から一成の豊臣家への出入りをストップさせ、二人を強引に離婚させる。次にお江は、秀吉の姉ともの子供の羽柴秀勝と結婚するが、秀勝は朝鮮に出兵して病死してしまう。

そして、三度目の結婚相手が家康の後継者の徳川秀忠であった。これもやはり秀吉の差し金だった。秀忠十七歳、お江二十三歳で、お江のほうが年上だった。慶長十年（一六〇五）、秀忠が二代将軍になった時、秀忠は二十七歳、お江は三十三歳ということになる。

この夫婦は仲がよくて、家光、忠長の二人の男子と五人の女子、計七人も子供をつくった。七歳の時に十一歳の豊臣秀頼と結婚させられた長女の千姫は、大坂城が滅びた時には助かっている。

男子については、家光は春日局が、忠長はお江自身が育てた。ところが、春日局の直訴により、家光を嗣子と定め、三代将軍問題は落着する。お江の末娘和子は後水尾天皇の中宮、後に東福門院となった。

## ●なぜか戦陣で妊娠した淀殿

　このように浅井長政の三人の娘のうち、まず三女から結婚させ、次に次女を結婚させたのは、秀吉が茶々を側室にするための長期戦略であった。こうなると、嫌がっていた茶々にしても、これはやはり時の権力者である秀吉になびかざるを得ない。

　茶々が側室になったのが、秀吉五十二歳、茶々二十二歳の時のことである。懐妊した時に子供を産む場所として建てられたのが淀城ということで、その後は淀殿と呼ばれる。お産用に城をプレゼントされた女性は日本史の中で、彼女が初めてだろうといわれている。

　そして、二十三歳の時に長男鶴松（つるまつ）を産む。この頃淀殿は小田原の陣にも随行していた。子供を産んだ淀殿が大坂城へ移ると、正室の高台院（こうだいいん）は大坂城から去っていった。

　ただし、この鶴松は三歳で病死してしまう。次の懐妊は文禄の役の時であった。この時も淀殿は肥前名護屋（なごや）まで秀吉に随行していた。なぜか彼女は戦陣で妊娠するのである。大坂城で秀頼を産んだ淀殿は、伏見城の広丸（ひろまる）という西の丸に住み、秀吉からはおふくろ様と呼ばれた。秀吉の死後は大坂城に入る。

　そして、淀殿は四十九歳であのような死に方をする。秀頼は二十三歳であった。しかし、歴史上これほどまでに見事に消滅した立派な家系はなかなか見当たらない。だいたいはどんな名門が滅びても、誰か助かるのが歴史の常なのだが、豊臣家は助からなかった。ただ、家康が別格として扱った高台院の実家の木下利次のみが残った。

## ●豊臣家を滅ぼすために生まれてきた女性

淀殿はきわめて傲慢だったという説がある。

しかし別説によれば、「方広寺鐘銘事件」で呪いをかけたなと家康側から言い掛かりをつけられた時、豊臣家を弁護する片桐勝元が淀君を関東に人質に出そうとしたことがあるぐらいだから、それほど傲慢だったわけでもないという説もあるが、実際のところは不明である。

ただ講談種になったような資料などからすると、淀殿は真田幸村などの忠告を聞かずに大坂城を落城させた張本人であったようだ。なぜならば、大坂城は本当に難攻不落だったからで、冬の陣の時はむしろ攻めあぐんで、徳川側はお手上げ状態だったのである。それで概説したように、淀君の妹のお初（常高院）や家康側室の阿茶局などを大坂城内へと送り込み、和議に持ち込んだのだ。

そのうえ、大坂城を攻めている軍勢の大部分は豊臣恩顧の大名連中であった。二年間も城を囲んだとすれば、みんなバラバラで統制がとれなくなり、徳川家の大失敗となったであろう。大坂城は十年ぐらいは戦える武器、食糧を備えていた。つまり抜群のロジスティクス能力を備えていたわけで、たった二月も戦わないうちに和議などに応じてはならなかったのである。

だからあの時に、淀殿は「和議に応じてはなりませぬ」という真田幸村を筆頭とする武将の言うことを聞いておけばよかったのだ。結局、淀殿は自分の母親同様、城の滅びるのを見て死んだわけである。

『真田幸村』を読む者からすると、彼女に同情することはなかなか難しい。

ただ、家康は器量の大きい人だから、そう無闇に豊臣家をつぶそうとしたわけではなかったようである。秀吉にしても、信長の子供を大名に登用したり、自分のお伽(とぎ)役にもしている。

実際、淀殿と秀頼についても、大坂城にいて浪人を集められては困るが、「和泉(いずみ)の国あたりで六十万石の大名でどうか」という打診が家康側からなされていたのである。仮にそれに満足していれば、豊臣家は保たれたことになる。それを蹴ったのは淀殿に違いないわけだから、やはり、豊臣家を滅ぼすために生まれてきたのが彼女という結論に落ち着く。

大坂の戦いの異常なのは、和戦の交渉の中心が女性たちだったことである。家康は阿茶局や常高院を使い、大坂方は大蔵卿局（淀君の乳母、大野治長の母）、正栄尼（渡辺内蔵助の母）、二位局（渡辺筑後守の母）などを交渉役にし、主役は淀君である。徳川家には女性を使う家康がいたが、大坂方には女性を使う女性（淀君）がいただけであった。

ある心理学者が「淀殿には小谷城を落とした秀吉に対しての深い恨みが潜在意識的にあって、豊臣家をつぶしたのだろう」との説を述べているが、むろんそれは考え過ぎであろう。

## 20 夫の出世のチャンスをつくり、上司の評価も高めた妻の鑑 —— 山内一豊の妻

**山内千代（やまのうち　ちよ　一五五七〜一六一七）** 浅井家の若宮友興（ともおき）の娘。十七歳で山内一豊（かずとよ）の正室となる。内助の功、良妻賢母の代名詞的存在。夫に軍馬を買わせるためヘソクリを渡し、夫の出世のきっかけとなる話はつとに知られる。時は戦国の世、夫が仕える主君は織田信長、豊臣秀吉、徳川家康と代わっていったが、そのつど機転をきかせて、夫のピンチを救った。

### ●出世のきっかけとなった駿馬

内助の功といえば、真っ先に挙げられるのがこの山内一豊（かずとよ）の妻千代であろう。浅井家の若宮友興（ともおき）の娘で、八歳で父、十三歳で母を失くして叔母の家で養われた。

山内一豊と結婚したのは、子供の頃から裁縫を教わっていた一豊の母に気に入られたのが最大の要因であったとされる。針が上手だとかさまざまな説があるが、一豊の母はおそ

らく、長年千代の人となりを観察していて、彼女が良妻賢母となることを確信したので、息子の嫁にしようと考えた。それが一番自然であろう。

一豊二十八歳、千代十七歳のときに二人は祝言をあげた。

ある時のこと、君主である織田信長が馬揃えを行うことを知った一豊が馬市をはしごすると、奥州から天下第一等の馬と称する馬が話題になっていた。皆が驚くほどの駿馬であったが、聞けば十両もするという。一豊にとってはあまりにも高価で、すごすごと引き下がるしかなかった。

帰宅した一豊が何かふさぎ込んでいるのを見た千代が、「どうしたのですか？」と尋ねると、一豊は残念そうな色を浮かべて、「いやあ、すばらしい馬があった。ああいうのを買って自分の軍馬にしたら、殿のお役に立てるだろうに」と返した。

すると千代が、「価は幾らばかりでしたか？」と聞いてきた。「いや、十両だ」と一豊が答えると、千代は鏡の後ろから十両を取り出して、「それなら、どうぞこれをお使いください」と夫に手渡した。

目前の大金を見た一豊は驚いた。

「こんな大金を所持しておったのに、なぜ今まで生活が苦しいと不満を言っておったのだ」

問われた千代はこう答えた。

「これは父から日常のことには使うな、いざという時に使え、夫のためにいざという時に使えと言われたものです」

一豊はその駿馬を買い、馬揃えに臨んだ。

当然ながら信長の目に留まり、「すばらしい馬だ。どうしたのだ？」と尋ねられた一豊は、事の経緯を説明した。信長は満足げに頷いた。

「それはよかった。せっかく奥州からすばらしい馬を連れてきたのに、織田家で買わなかったとすれば、織田家の恥でもある。よくぞ買った」

これが山内一豊の出世のはじまりといわれ、最終的には六万石の大名にまで駆け上がったのである。

## ●新井白石の『藩翰譜』に登場

この馬の話が最初に登場したのは、新井白石による『藩翰譜』である。一七〇二年に六代将軍家宣がまだ甲府の綱豊の頃にできたものである。これが有名になったのは、湯浅常山の『常山紀談』（一七三九年）という当時のベストセラー本に取り上げられたからで、一豊といったら馬という話が定着した。

必ず歴史に文句をつける人はいるものである。一豊は当時二千石を与えられる身分であったから、十両ぐらいの金は所持していたはずだ。第一、一豊の妻は幼い時期に両親が死んでしまい、親戚に預けられていた。十両もの金を父親からもらうわけがないという説もある。

しかし、妻の千代は本当に賢明な女性だったらしい。子供を産んだが、地震で死なせてしまった。千代は城外から子供を拾ってきて、その子を坊さんにして、我が子を供養したという話がある。ところが、これは実は一豊の庶子であったという説もある。つまり、一豊が産ませた子供を探し出して、養育し、坊さんにまでしてやったわけで、そんな美談が残されている女性なのである。

## ●家康を感激させた笠の緒の文

しかし、なんといっても千代の最大の手柄は、馬の話ではなく、いわゆる「笠(かさ)の緒(お)の文(ふみ)」による功といえる。

関ケ原の戦いの前、上杉景勝(かげかつ)が奥州で兵を起こすと、家康は兵を率いて下野(しもつけ)の小山(おやま)に進んだ。その頃、加賀の前田利長、伏見城の鳥居元忠あたりから、石田三成の動向が怪しげだといった知らせがあるけれど、どうも詳しいことはわからない。

そんな折、一豊のところに、大坂の石田方に幽閉されている妻千代から手紙が届いた。運んできたのは田中孫作という使いの者で、妻からの密書は見つからないよう、笠の紐に編み込まれていた。ちなみに細川ガラシャは石田方に捕らえられるのに抵抗し焼身自殺している。

一豊はその紐をそのまま家康に差し出した。万一を慮って、自分が開かずに家康に開かせたのだ。家康は、「女の手紙だからどんな密事を書いてあるかわからぬ。それなのによくぞ差し出してくれた。男も忠義なら女も忠義だ。鬼の妻は鬼女だ。忠義に感じ入ったぞ」と言って、一豊を褒め立てた。この場合の鬼はいい意味である。

その手紙は、三成の策略の内情を伝えており、家康側に有益であった。さらに、その手紙にはこう書かれてあったという。

「あなたは忠義を尽くしてください。自分は捕らえられてどうなるかはわかりませんけれども、心配なきよう。いざという場合は自害します」

家康が感激したことは言わずもがなであろう。しかし、何よりも家康を感激させたのは、文の封を切らずに差し出したことであった。そのうえ上方（かみがた）の情勢も、それまでの情報より明確に把握することができた。

一豊は掛川六万石から土佐二十万石に大昇格した。この話は確かに馬の逸話よりは信用できるが、しかしながら、馬の話があったからこそ、この逸話も表へ出たともいえるのだ。

# 第三章　徳川時代のファーストレディーたち
## ——近世なでしこ編

## 21 第三代将軍・徳川家光の乳母として尽くした女の一生――春日局

**春日局（かすがのつぼね　一五七九～一六四三）** 本名は斎藤福。春日局は京都で後水尾天皇に拝謁するため朝廷から賜った称号。徳川三代将軍家光の乳母。結婚し三男二女をもうけるが、二代将軍秀忠の嫡子家光の乳母の道を選ぶ。家光を将軍家の後継とするため、駿府の家康に直訴した話は有名。家光の信頼は厚く、晩年は江戸城大奥を取り締まり、家光の世嗣誕生のために奔走した。

### ●夫と離婚し将軍家乳母に志願

のちの春日局の福は、明智光秀の重臣斎藤利三の娘。稲葉通明の娘のおわんが母親である。光秀から丹波国を与えられた父利三は黒井城主であったが、福が四歳のときに亡くなった。主君光秀に従い本能寺の変で織田信長を討った後、秀吉軍に敗れ、処刑されたのである。

暗い少女時代を送った福は母方の稲葉重通の養女となり、十七歳で美濃の豪族林正成と結婚した。正成は小早川隆景に仕え、朝鮮で手柄を立てて家老にもなったが、その後、小早川を離れて美濃に閑居し、義を守って他の仕官はしなかった。この正成の後妻として福は入り、三男二女を産んだ。あとの話になるが、一女は堀田正俊の嫁、長男稲葉正勝は大名になっている。

二代将軍秀忠の嫡子竹千代（家光）が生まれた時、京都で乳母の募集があった。当時は京都のあたりでは関東に行く者は滅多にいなかったわけだが、粟田口で高札を見た福は、京都所司代の板倉勝重に名乗り出た。

父親の斎藤利三が明智光秀の第一の家老、さらに夫は関ケ原の戦いの功労者小早川隆景の家老であったことが評価され、福の起用が決まったということになっている。

将軍家の乳母となるため、福と夫の正成は離婚した。これを受けて幕府は正成を召し出すが、正成はそれを断った。

「女房のおかげで出世をしたくはありません。それに離婚したものだから関係はないでしょう。しかし、子供に関しては福につけても構いません」

しかし、別の話もある。『徳川実記』には、実際には二人はもっと早く別れて、福は江戸の大奥に仕えていたのを選ばれたのだと書かれている。このほうが簡単ではある。

私がよりどころとしたのは『明良洪範』という本で、これは真田増誉という人による四十巻本で、慶長の頃から綱吉の頃までの話を説いたものである。

『徳川実記』のほうが将軍中心で、成島司直という人が家康から家治までのことを書いたもので、発表されたのは天保十四年（一八四三）、江戸時代の終わりである。『明良洪範』のほうがかなり早い時期に書かれている。古い話のほうが事実に近いとすれば、先に述べた京都所司代から選抜されたということになる。

また津本陽の『宇喜多秀家・備前物語』には、夫の正成が妾を別荘に置いたのを自分の家に招待、正成不在の時に妾を刺し殺して離婚したという説が記されている。

結局、正成も後に越後の糸魚川で二万石を与えられた。正勝は小田原城主となった。春日局自身は相模に三千石を与えられている。

## ●駿府の家康に直訴

ところで、春日局の業績とは何か。

徳川秀忠の御台所お江は竹千代と国松をもうけたが、弟の国松（後の大納言忠長）のほうが敏捷で才気があることから、秀忠もお江も国松を溺愛した。次男の国松をお江が直接育てたのに対して、長男の竹千代は乳母の春日局が面倒をみていたのがその証左だ。ところが、春日局は自分が乳を与えた長男の竹千代が世継ぎとなるべきと考えていた。

元和元年（一六一五）、春日局は伊勢神宮参りを口実に、駿府に暮らす家康に直訴するという賭けにでた。「もはや戦国の世ではありません。順番を守り、長男竹千代様が継嗣とならなければ、幕府は長続きしません」

このことについては、春日局の手記がある。世継ぎ問題でお家騒動になっては大変だと感じた家康は、やはり長男が相続すべきであるとして、竹千代を駿河に呼び自分の子供として三代将軍に就けようとしたと。それはすぐには叶わず家康は亡くなるが、その意思ははっきりとしていたから、三代将軍は竹千代というコンセンサスが幕府内にはすっかり出来上がっていた。

また、家康の遺言には土井利勝（大炊頭）に相談せよというような趣旨が記されてあったという。さらに駿河の大納言、すなわち忠長（国松）が結局後に滅んだのは権現様の罰だなどと、春日局の手記に書かれている。

三代将軍となった家光は男色の気味があるといわれていた。それで世継ぎができないことを心配した春日局が家光にすすめたのが参議六条有純の娘で、当時十六歳、伊勢内宮の慶光院（けいこういん）の比丘尼（びくに）であった。彼女は住職になった御礼に謁見に参上したのである。

彼女は美顔玲瓏（れいろう）で艶麗（えんれい）極まりなく、作法もしとやかであった。家光も僧の頭をした尼姿の美女だったので、美少年好みの趣味と通じるものがあったのであろう。

春日局は、彼女を江戸にとどめ、還俗（げんぞく）せしめ名をお万の方と改め、家光のお付きとし、女中全員の行儀と躾（しつけ）をまかせた。家光も彼女を寵愛したのである。

ところがお万の方の勢力が強すぎるようになるのを心配した春日局は、血眼になって町人の中からお万の方と似ている娘を見つけ出した。これがお楽の方であった。

彼女が大奥の女中となると家光の目に留まり、やがて男子を出産、のちの家綱（いえつな）となる。家光三十八歳、春日局は六十三歳になっていた。

盛大に執り行われた家綱のお披露目（ひろめ）式では、春日局が家綱を抱いて、徳川御三家をはじめとする諸大名たちと相見（まみ）えた時、一同彼女に平伏したという。春日局が家光から絶大の信頼を得ていたことは、彼女が病に伏せた時に家光が三度も、家綱が二度も見舞いに来ていることからも窺（うかが）い知れる。

若かりし頃の家光が疱瘡（ほうそう）に病むと、春日局は東照宮を参拝し、「どうぞ自分を身代わりにしてください。そのかわり私は一生薬を飲みません」と誓った。誓いを守り通すため、春日局は見舞いに来た家光自ら出してくれた薬湯を飲む真似をして襟元に流し込んだといわれている。

母親のお江が亡くなると、家光は春日局に命じて、大奥のすべてを任せることになる。慎重で男にも女にも尊敬されるような彼女は、大奥の規律をきっちりと定めてこの世を去った。

## 22 四代にわたり天皇の母として輝いた女性——東福門院和子

**東福門院和子（とうふくもんいん　まさこ　一六〇七～七八）**二代将軍徳川秀忠の五女。徳川家康の孫娘。後水尾天皇の中宮。明正天皇の生母。後光明天皇、後西天皇、霊元天皇の養母。宮中では源和子と称す。徳川家念願であった天皇の外戚となる。勝気な後水尾天皇と徳川家の間を取り持つ潤滑油の役割を果たす。徳川幕府から莫大な経済的援助を引き出し、宮廷文化を輝かす原動力となった。

### ●天皇退位情報を京都で集めた春日局

徳川和子は二代将軍徳川秀忠とお江の方の五女である。彼女は元和六年（一六二〇）、後水尾天皇と結婚し、興子内親王を産むと中宮（皇后）となる。この結婚、つまり天皇家の外戚となることは徳川家の宿願であり、これに成功し、徳川家はその意味では古代の藤原家と同じ立場になる。

しかし、その後も、朝廷と幕府はぎくしゃくした関係を続ける。

そんな折、寛永四年（一六二七）に「紫衣（しえ）事件」が勃発する。

奈良時代の僧玄昉（げんぼう）がシナに渡った時に、唐の玄宗（げんそう）から紫の衣をもらったことに由来し、奈良朝からずっと朝廷は最高の僧侶に対して紫の衣を着る権利を与えてきた。

当時、朝廷と仏教勢力を断ち切りたいと考えていた徳川幕府は、当該権利を朝廷が持つが故に仏教界に絶大なる力を及ぼしていることから、それを朝廷から取り上げ、幕府のものとした。

気性が激しく幕府としばしば対立してきた後水尾天皇は怒り心頭に発した。幕府側は天皇の怒りの度合いをさぐるために春日局（かすがのつぼね）（当時はまだ福）を京都へと送った。

ところが、天皇側としてはそのような無位無冠の女が拝謁した例は皆無だから、会う気は毛頭ない。そこで上洛した福は、武家伝奏（てんそう）の役である三条西実条（さねえだ）の義理の妹として縁組を行う。緋（ひ）の袴（はかま）を許され、従三位となり春日局という名前をもらって、ようやく後水尾天皇に拝謁を許された。

春日局は京都で精力的に動き、天皇と和子との夫婦仲、後水尾天皇が退位した後の後継天皇は誰になるのかなど、さまざまな生々しい情報を持ち帰った。このような重要な諜報（ちょうほう）

分野の仕事まで春日局は任されていたのである。

## ●もらい得の嫁だった和子

徳川家が二代将軍となり権力の集中が進むと、徳川家の中に藤原氏的な発想が頭をもたげてきたようである。もちろん将軍自らが天皇になる気はまったくないものの、天皇の母方の親戚（外戚）にはなりたいと望んだ。これは藤原家が平安時代にたびたび行った手口といえる。

そのために和子は天皇家に嫁ぐこととなった。いったん話はまとまったのだが、当時の後水尾天皇と公家の娘との間に皇子が生まれていることがわかった。このことに御台所のお江がヘソを曲げ、結婚は二年ほど延期された。結局、和子は十四歳の時に女御として入内した。

初めての入内の準備を担当したのは家老の土井利勝と松平正綱であった。送り出す役目を務めたのが酒井忠世と板倉重宗であった。そして和子に随行した女性陣の代表格が阿茶の局であった。大坂城にお江の姉お初と一緒に入り込み、淀君を説得して冬の陣をやめさせた家康の側室、あの阿茶の局である。彼女は非常に外交手腕に長けた女性といわれ、若い和子には心強い存在であったかもしれない。

その時に後水尾天皇に奉ったのは、装束百領（百着）、銀一万両、天皇の母親の中和門院・藤原前子に装束五十領、銀五百貫、女官には銀二百貫等々、徳川側はとてつもなく気前がよかった。嫁入り道具は花嫁道具三百七十八貫、費用六十万石に相当した。そのうえ和子は衣装料を一万石持参したのだから、いってみれば本当にもらい得の嫁であったのである。

結婚後間もなく前将軍で父親の秀忠、兄の家光が上洛、家光は正式に新たな将軍となった。それから三年後、和子は興子内親王を出産した。後に明正天皇になる方である。興子内親王誕生により、翌年の寛永元年（一六二四）十二月、和子は中宮の式を挙げた。

莫大な費用がかかる皇后冊立の儀は長い間執り行われてこなかったけれど、今回は徳川という抜群のスポンサーがおり、久しぶりに正式な皇后の式を挙げたというわけである。

それから三年後、秀忠は左大臣に、家光は右大臣となる。さらに秀忠は太政大臣、家光は左大臣という位人臣を極めた。こうした経緯はかつての藤原氏と非常に似通っている。そのうえに征夷大将軍なのである。夫の秀忠と息子の家光が位人臣を極めた頃、江戸で亡くなったお江は従一位という最高の位を与えられた。

## ●四代にわたり天皇の母となる

和子は二人の男子を産んだが、二人とも夭逝してしまう。

そして、前述の紫衣事件が起きた。「幕府の行為は天皇の権威を失墜させるものである」と激怒した後水尾天皇は、皇女の興子内親王を皇太子にする。八歳の女子を皇太子にしたことで、宮中愕然となった。

寛永六年（一六二九）、後水尾天皇は本当に退位されてしまう。夫が天皇でなくなったので妻の和子のほうは東福門院の院号を受けて女院となった。実家の徳川家と天皇家の折り合いの悪さとは異なり、後水尾天皇と和子との仲はよくて、十三年間に二皇子五皇女、計七人の子供を産んでいる。

そして、娘の興子内親王が即位、明正天皇となられた。女帝誕生である。その後は後光明、後西、霊元と男の天皇が三人続いたが、それら四代にわたり、後水尾天皇は院政を敷いた。最初の天皇の実母、続く三代の天皇の養母の和子は、四代にわたり天皇の母としての存在感を示した。

夫の後水尾天皇は非常に仏教の信仰が篤く、さまざまな宗派の高僧を招いた。和子は夫とともに講話を聞くことが多かった。その影響か、黄金二百枚と小判二千両の予算をつけて、難波の光雲寺を南禅寺町に移譲している。そして、自分が持っていった釈迦牟尼(しゃかむに)仏像を寄付し、この寺の本尊にした。和子が建てたものだから、幕府はこの寺に二百石を与えた。後に和子の最後の娘、第六皇女賀子(よしこ)内親王が寺に入った時も花料として百石をつけたという。

和子はこの時代にひときわ輝いた、幸せな女性であったといえる。とにかく四代にわたる天皇の実際の母および養母だったわけだし、受け入れ先の朝廷の財政は和子のおかげで久しぶりに潤った。和子はなんだかんだと理由をつけて幕府から莫大な金を引き出し、それが要因となり宮廷文化が栄えたのだから、その意味で和子の功績は大きい。

このように、徳川時代の初め頃、「ミニ藤原時代」が生じたのであった。

## 23 徳川家存続のために尽力した江戸城無血開城の真の立役者――皇女和宮

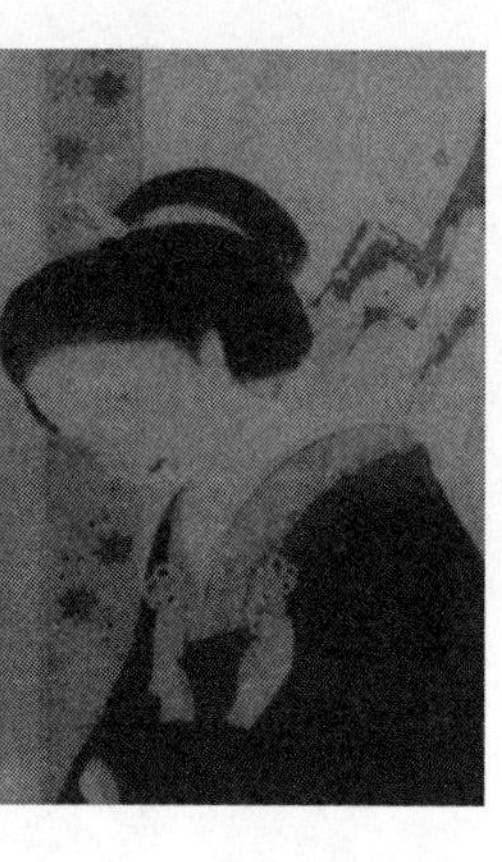

**和宮（かずのみや　一八四六～七七）** 仁孝天皇の第八皇女。孝明天皇の異母妹。号は静寛院宮。十四代将軍徳川家茂の正室。武家に降嫁し、関東に下向した唯一の皇女。有栖川家と婚約解消するなど幕末にわき起こった公武合体の犠牲者ともいえたが、夫家茂の死後、徳川家滅亡の危機から脱するために奔走。徳川家存続と江戸城無血開城の真の立役者。

### ●空前絶後の降嫁プロジェクト

和宮は仁孝天皇の第八皇女である。和宮は幼名、名は親子である。実際の母親は橋本実久の娘であった。六歳で有栖川熾仁親王と婚約したが、十六歳の時に十四代将軍徳川家茂と結婚することになる。

当時の日本は黒船が来航したり、維新の志士が暴れ回ったりで、国内の政治情勢は風雲急を告げていた。井伊直弼（いいなおすけ）は公武合体で人心を静めようとしたが、桜田門外で暗殺されてしまう。後継の老中筆頭の安藤信正（のぶまさ）は井伊の政策を受け継ぎ、公武合体の象徴とすべく、十四代将軍徳川家茂の正室に皇女をいただく、つまり、皇女の降嫁（こうか）プロジェクトを計画した。

早速、関白九条尚忠（ひさただ）を通じて皇女を徳川家に降嫁させる交渉が始まった。逆のケースは山ほどあれど、天皇家から武家に嫁に行くという前例は皆無であった。

ただし、七代将軍家継（いえつぐ）の時、霊元（れいげん）天皇の皇女を降嫁させてもよいとする勅語が出されたことはあった。しかし、この霊元天皇の養母が徳川秀忠の娘の和子（まさこ）だったという背景があることから、これは例外中の例外だったと思われる。ところが、この時は家継が早く亡くなり実現しなかった。

この空前絶後の降嫁プロジェクトにもともと孝明（こうめい）天皇は反対であられた。ところが、公武合体論を支持する侍従の岩倉具視（ともみ）を中心とする勢力はおおいに乗り気だった。

当初は頑として受け付けなかった和宮本人だったが、孝明天皇が幕府の圧力で皇位を離れるかもしれない、あるいは、自分が応じなければ、まだ二歳の寿万宮（すまのみや）を降嫁させるという代案が出され、苦渋の決断をせざるを得なかった。

ただし、朝廷側にも条件があった。幕府が井伊大老の結んだ通商条約を破棄し、以前の鎖国体制に戻すならば、和宮の降嫁を認めるというものである。

このような経緯から、幕府は一転して攘夷論に賛成せざるを得なくなった。一方、有栖川家の方は、降嫁を前に、和宮との婚約辞退という形をとった。

## ●断腸の思いで妹を送り出した孝明天皇

「惜しまじな　君と民との　ためならば　身は武蔵野の　露と消えても」

これは、いよいよ関東に嫁入りをすると決めた時に和宮が作った歌であるが、和宮の不退転の覚悟が込められている。

その時に孝明天皇は、岩倉具視と千種有文に勅語を下している。それは「自分は一人の妹もかばい切れない。断腸の思いではあるが、骨肉の情のために国家を捨てることはできない。公武合体のためには致し方ない」という内容だった。

和宮は先帝の異腹の娘であった。皇后の娘でなく、大納言の娘である。だから、孝明天皇の腹違いの妹となるわけである。

「和宮は一度も父仁孝天皇の顔を拝したことがない。やがて、髪を切って香華を捧げて孝行をするつもりであった。ところがこういう状況下、一女子の身をもって国難を救うことになった。私は離れていても和宮の杖となろう」

このような言葉を孝明天皇が和宮に贈られると、和宮は非常に喜んだ。そして、天皇は岩倉や千種に対して、「お前たちも関東に着いたら、私が今言ったことを老中にしかと伝えよ」と申し付けている。

「このたびは　えこそかへらね　ゆく水の　清き心は　汲(く)みて知りてよ」

これはいよいよ輿入れの時に和宮が詠んだ歌である。そして旅立ちの時には、この歌を詠んだ。

「住みなれし　都路(みやこじ)出でて　今日行く日　いそぐもつらき　東路のみち」

和宮は江戸に行き、家茂夫人となった。前将軍家定(いえさだ)夫人の天璋院(てんしょういん)篤子(あつこ)とは仲が悪かったといわれている。そのように和宮が慣れない武家の生活に馴染(なじ)むために苦労をしている間にも、徳川幕府は大変な事態に巻き込まれていく。

## ●徳川家存続に大貢献

風雲はますます急を告げる。十四代将軍徳川家茂は上京して右大臣従一位となって公武合体を進めたが、長州征伐を決行する前に大坂城で病死してしまう。二十一歳であった。和宮は未亡人となり、子供もいなかった。夫家茂が無事に帰れば土産として用意した西陣織が届いた時に作った歌がこれである。

「空蟬（うつせみ）の　唐織物も　なにかせん　綾（あや）も錦（にしき）も　君ありてこそ」

　二十一歳で髪を下ろして静寛院（せいかんいん）となった。

　ところが、ますます風雲急となる。鳥羽伏見の戦いで敗れた十五代将軍徳川慶喜（よしのぶ）が江戸城で謹慎していたところ、有栖川宮（かつての自分の婚約者有栖川宮熾仁（たるひと）親王）が、征討大総督として江戸に進撃してくるというのだ。

　それを受けて和宮は自分に仕える老女土御門藤子（つちみかどふじこ）を京都に派遣、知己（ちき）である少将橋本実梁（さねやな）に嘆願書を渡した。彼は当時、東海道鎮撫（ちんぶ）総督だった。

　嘆願書にはこのように記されてあったという。

「慶喜が思いがけず、鳥羽伏見の戦争など起こして申し訳ない。当家が朝敵の汚名を蒙（こうむ）ったのはまことに残念である。しかし、征伐の官軍を受けることは徳川家にとっては浮沈の大事。私へのご憐憫（れんびん）と思し召されて、汚名を濯（そそ）ぎ家名を立ち行くように私の身に替えてお願い申し上げます。慶喜一身の処遇はどのようにされても構わないが、なにとぞ徳川家の家名は立ち行くようにしていただきたい」

伊勢桑名まで攻め上がってきた橋本に渡された和宮の嘆願書は、岩倉具視に、天皇にと上がり、そして征討軍トップへと上がっていったと思われる。

やがて、和宮のところに、「徳川家の血食（子孫が続き先祖を祀ること）のことは篤く思し召しあられ候やに伺い候」という返答が正親町三条実愛による内勅の覚書という形で届いた。

さらに和宮は征討側の輪王寺宮、元婚約者の有栖川に対しても徳川家存続を懇願した。幕府の旗本山岡鉄舟は命懸けで、徳川征討のリーダー西郷隆盛と面会、和宮の意思を直接伝えた。すぐさま西郷は品川の薩摩藩邸で勝海舟と会い、最終的な詰めを協議した。

慶喜恭順で江戸城を明け渡すという条件で、徳川家は家名永続と決まった。六歳の田安亀之助（後の家達）が後継となるという勅許を得たわけである。

明治維新後、夫家茂の御霊屋が完成すると、和宮はいったん京都に戻るが、明治五年に再び東京の南部家上屋敷へと移り住んだ。その後、脚気の病を得た和宮は、療養先の箱根塔ノ沢で亡くなった。享年三十二歳であった。遺志により芝増上寺、徳川家の墓に入った。

## ●そして徳川家は残った

和宮の短い女の人生を見ると、嫌々ながら、国のために結婚した。そして結婚生活はわずか二年であったにもかかわらず、徹底的に徳川家を守った。その嫁入り先を守るという凄(すさ)まじいまでに強い意志は見事なものだと評価せざるを得ない。

最近では、「亭主の墓には入りたくない」「先祖代々の墓など、そんな知らない人が入っているところは嫌」などと言う嫁が多いと聞くが、彼女たちの目には和宮の一生はどう映るのであろうか。

慶喜は朝敵になったのだから致し方ないが、とにかく徳川家だけは残してくださいと、和宮は献身的に行動した。和宮の心持ちを勤皇方も十分理解していたに違いない。

しかしながら、もし慶喜が本気で戦う気であったならば、征討軍は勝てたかどうかわからないと私は思っている。箱根の山あたりで相当健闘し、軍艦は幕府側が持っていたのだから、後ろに回って大坂に上陸したら征討軍は全滅したかもしれない。慶喜が江戸城から逃げてくれたおかげで征討軍は助かったという気もする。

それはともかく、孝明天皇の妹で明治天皇の叔母にあたる和宮があれだけ献身的に動いた結果、反徳川派に同情をもたらし、徳川家は残った。徳川家は駿府(すんぷ)七十万石を所領、徳川家達が後継者に決まり、いわゆる血食が保証された。
篤姫(あつひめ)とは影響力が格段に違っていたのである。

## 24 八百屋の娘から将軍の母になった〝元祖・玉の輿〟——桂昌院

**桂昌院（けいしょういん　一六二七～一七〇五）** 旧名は玉。徳川三代将軍家光の側室。京都の八百屋に生まれる。家光側室のお万の方の部屋子として大奥へ入ると、家光の手がつき、五代将軍綱吉の生母となる。元来は頭脳明晰であるが、自分の人生を有利に導く悪僧の言葉を妄信、息子綱吉に直言した。大奥を完全に牛耳ると、綱吉に天下の悪法「生類憐みの令」を発布させ、江戸じゅうを恐怖に陥れた。

### ●大奥で異色の存在感を示す

江戸時代一番のラッキーガールは誰かといえば、間違いなく「玉の輿」の語源となったといわれる徳川家光の側室桂昌院（お玉）であろう。

京都の八百屋仁左衛門の娘であった。父親が死に、母親が二条家の家臣本庄宗利と再婚する。この本庄は家康の側室お万の方とゆかりがあった。お万の方は、家康の正室築山殿の侍女であった。当時三十二歳の家康は、湯殿でお万の方に手をつけ、彼女は結城秀康を産む。結城秀康は早くして亡くなるが、越前福井六十七万石を与えられていた。そのお万の方の家と二条家家臣の本庄宗利と関係があったわけである。

そうしたコネクションにより、お玉は十六歳の時に江戸に出て、将軍家光の側室お万の方（家康の側室お万の方とは別人）の部屋子となった。そして、間もなく大奥へと上がった。美しいうえに、町娘として育っているから、普通の公家の娘や大名の娘と異なり、性格や物腰がまどろっこしくなくシャキシャキしている。大奥の中では異色の存在感であった。そこが男色の気味があった家光の目を引き、やがて手がついたというわけである。

お玉は亀松、徳松と二人の男子を産んだ。最初の亀松は夭逝する。一方、徳松が幼い頃から利発であったので、家光はお玉に「今より書を学ばせ聖賢の道に心を入れ、文を読ませよ」と言ったという。お玉は八百屋の娘だという劣等感も手伝ってか、教育ママぶりを発揮するようになった。徳松は期待によく応え、優秀で将来を嘱望される存在となっていく。

家光が亡くなると、家綱が継いで四代将軍に就いたが、家綱も間もなく死去する。延宝八年（一六八〇）のことである。家綱には嗣子がないため、五代将軍候補は曲折を経て、上州館林で二十五万石藩主となっていた徳松と異母兄の甲府二十五万石藩主綱重（つなしげ）の二人に絞られた。

幕府上層部の意見は分かれたが、大老酒井忠清（ただきよ）は京都より皇族を迎えて将軍と仰ぐという考えを持っていたが、老中堀田正俊（まさとし）が論破して、お玉の息子、すなわち徳松、後の綱吉（つなよし）が選ばれた。むろん堀田正俊はその後大老に格上げとなっているが、四年後、大奥と連携した堀田のやり方を憂えた若年寄の稲葉正休（まさやす）に江戸城内で殺された。

## ●典型的なマザコンだった綱吉

八百屋の娘時代のお玉に亮賢（りょうけん）という僧が、「あなたは将軍の母になる相がある」と予言した。また、懐妊した時、どうしても男子がほしいと望んだお玉は亮賢に祈祷（きとう）をしてもらい、念願叶い男子を得た。桂昌院は後に、この亮賢のために護国寺を建ててやるほど入れ込んだ。賢いわりには、いったん信じたら妄信、狂信する性格であったようだ。

息子綱吉の長男が五歳で亡くなると、今度は亮賢から推薦された隆光（りゅうこう）という悪僧の言うことを、桂昌院は信じるようになった。

「戌年の綱吉公が男子を得るには、犬を大切にしなければなりません」

隆光のばかばかしい話を鵜呑みにした桂昌院がそれを綱吉に伝えたことが、綱吉が犬公方と呼ばれる愚行を繰り返す端緒となった。

しかも綱吉自身は普通の将軍よりは、たとえば四代将軍家綱あたりよりはかなり優秀ということで、お目付役であり将軍補佐官の大老を置かなかった。綱吉は大老職は設置せず、側用人を置く、側用人政治を行った。側近政治と言い換えてもいい。

そのことも、大奥を握っている桂昌院の権力を強め、「生類憐みの令」のような政令を発布する要因となった。

そしてなによりも綱吉が典型的なマザコンであったことが大きかった。また、儒教に入れ込んだ綱吉は「孝行」ということを特別に重んじ、母の言うことには何でも従うというところがあったのである。

「生類憐みの令」は綱吉が死ぬまで、実に二十四年間も続けられ、人々は大迷惑を被ったのである。

## 25 〝江戸デモクラシー〟を象徴する俳人——加賀千代

**加賀千代（かがのちよ　一七〇三～七五）**江戸時代の俳人。加賀松任の表具師の娘。幼年期より俳句に馴染む。十七歳の時、芭蕉の弟子各務支考に才を見いだされ、一躍全国区の俳諧スターとなる。季節を詠む才能は抜群で、数多くの名句を詠む。その後俳句修業のため全国を行脚。五十二歳で剃髪し「素園」を名乗る。六十二歳の時に句集『千代尼句集』、七十歳の時『松の声』を発表する。辞世の句は、「月も見て我はこの世をかしく哉」。

### ●少女時代から抜群だった季節を詠む才

加賀千代は加賀松任の表具師福増屋六兵衛の娘である。当時の加賀藩松任は文化水準が高く、父親は書画や和歌、俳句の心得があり、千代もそれに影響されて育った。

千代は十二歳の頃に奉公に出されるが、奉公先の主が俳句好きで、夫婦から手ほどきを受けた。金沢の俳人野角の妻、紫仙女から俳句を学んだりして、千代は松任へ戻った。

千代は十七歳になった時、北越を巡っていた芭蕉(ばしょう)の弟子、芭蕉十哲の一人の各務支考(かがみしこう)が福増屋に泊まるという僥倖(ぎょうこう)を得た。弟子にしてくれと頼む千代の句を聞いた支考は、その季節を詠(よ)む才能にひどく驚いたらしい。

千代は結婚しなかったという説が強いのだが、結婚したという説によれば、十八歳で金沢の足軽福岡弥八(やはち)と結婚し、弥市(やいち)という子供を産んだ。しかし、二十歳の時に夫が病死し、その翌年には子供も失くしたという。

「とんぼつり　今日はどこまで　行ったやら」

「起きて見つ　寝て見つ蚊帳の　広さかな」

これらの俳句は亡くなった子供を思い浮かべて作られたとされている。

結婚する前の躊躇する心を歌った、

「渋かろか　知らねど柿の　初ちぎり」

という句も彼女の作ではないという説もあるが、実際のところはわからない。

加賀千代は二十三歳になると、俳句修業のために京、伊勢を訪ねた。当時の日本は女性一人でも安心して旅ができたわけで、これは大変なことだと思う。千代は伊勢山田に暮らす伊勢派の俳人中川乙由(おつゆう)などの指導を受けた。

松任に帰った千代は、自分の部屋を草風庵と名付け、そこが地元俳人たちの一つのたまり場、サロンとなっていった。その後、江戸や尾張にも俳句修業の旅で赴いた。

三十五歳で父親、二年後に母親、四年後に兄をたて続けに亡くし、天涯孤独の身となった千代は、家業を継ぐために養子を取った。その養子は白烏（はくう）といい、やはり俳句も作る人であった。

## ●江戸デモクラシーの象徴

千代が五十二歳の時、白烏が表具師として一人立ちすると、千代は隠居して髪を落とし、「素園（そえん）」を名乗った。その後、千代は『千代尼句集』や『松の声』といった句集を出した。

当時の俳人の言葉で「一世の声望をほしいままにした」というから、その反響たるや凄（すさ）まじいものだったようである。

「月の出や　石に出て鳴く　きりぎりす」

「名月や　行っても行っても　よその空」

「思い忘れ　思い出す日ぞ　春近し」

季才の面目躍如（めんもくやくじょ）といったところであろう。

各務支考が松任の千代の家に泊まり、彼を驚かせた俳句とは、

「いく春の　尾やそのままに　杜若(かきつばた)」

「稲妻の　裾を濡らすや　水の上」

これを十八歳で詠んでいたのだ。

千代が残した名句としては、

「百姓や　つる一筋の　心より」

「朝顔に　釣瓶(つるべ)とられて　もらい水」

などが広く知られる。

平安朝が紫式部(むらさきしきぶ)、赤染衛門(あかぞめえもん)、和泉式部(いずみしきぶ)、清少納言(せいしょうなごん)など多くの女流歌人を輩出したように、江戸時代は夥(おびただ)しい数の女性俳人が活躍していた。俳句教室を開設し、出版も男性俳人に負けていなかった。

そこで重要なのは、加賀千代にしても、はじめは特別に誰かに俳句を習ったわけではないことであろう。連歌の座に加えてもらったりして、鍛(きた)えられていったのである。

千代も最初十二歳で奉公した家で俳句を習えたのは、そこの主人が連歌の一座に参加させてくれたからであった。芭蕉により連歌が庶民の間に普及した当時、連歌の座はデモク

ラシーそのものであり、主人も番頭も下女も、俳句さえ作れれば仲間に入れてもらえた。男も女も身分の差もない。これは松尾芭蕉がもたらした文化の力であり、功績だと思う。

加賀千代は江戸デモクラシーの文化から生まれたスターであり、その象徴であった。

江戸時代は平安時代の和歌詠(よ)みに女性が多かったように、俳句連歌に女性がきわめて多く参加した時代であり、そこでは男と女が同じ席に座ることができたことは注目に値する。

# 第四章　近代日本の歴史に咲いた多彩な花

## ——近代なでしこ編

## 26 国民の敬愛を集め女子教育に力を注いだ才女――昭憲皇太后

**昭憲皇太后（しょうけんこうたいごう　一八四九～一九一四）** 明治天皇の皇后。旧名は一条美子。知性、教養にあふれ、しかも、質素倹約を信条とする。女性の教育環境向上に貢献。社会事業にも熱心で、日本赤十字社の発展に貢献。国政への関与を厳に慎んだことは、その後の皇后のあり方としての規範となった。欧化政策にも積極的に取り組み、洋服着用を励行。日露戦争前夜、昭憲皇太后の夢枕に坂本龍馬が出てきたという話はあまりにも有名。

### ●貞観政要の精神を受け継ぐ

明治時代に国民からもっとも尊敬された女性はおそらく昭憲皇太后ではなかったろうか。

父親は従一位左大臣一条忠香、母親は一条家に仕える典医新畑種成の娘であった。これでは天皇の后になれないので、伏見宮邦家親王の娘の順子を養母として宮廷に上がった。

昭憲皇太后の前名は美子で、もともと体が丈夫ではなく蒲柳の質だが、抜群に頭が良かった。高い教養を備えているうえに、維新前から当代一流の師に学んだ漢籍、和歌、書道、華道、茶道などに秀でていた。とりわけ和歌は生涯三万数千首を詠み、茶道は最高位を得るなど、ちょっと類を見ないほどの才女でもあった。

明治元年に皇后となられるが、維新のゴタゴタの時期で、入内の儀は極めて簡素だったといわれている。事実、昭憲皇太后は一生質素倹約で通している。これは本書で取り上げてきたように、日本の皇室には『貞観政要』の精神が連綿と受け継がれていると思われ、この件に関しては武家の北条政子と共通の部分がある。

木戸孝允、大久保利通、西郷隆盛から、「新しい宮廷に江戸の大奥のようなシステムを持ち込まれたら困ります」といった趣旨の申し出があった時、昭憲皇太后はわざわざ三人を呼び、「これからの女官たちは自分たちで改革します」と伝えて、その後の宮廷内部の新システムをつくっていく。

明治六年に皇居が火事に見舞われた後、しばらく手狭なところでの生活を強いられた。狭い、狭いと女官たちが不満を吐くなか、昭憲皇太后だけは一切その不自由を気にせず読書に励み、なおかつ和歌作りに励んだ。

「ここに吾が　しめし住いは　狭くとも　広く訪ねん　文の林を」

家は狭くても文学の林は広いではないかというわけである。

それから興味深いのが、アメリカの偉人、現在の百ドル紙幣に肖像が描かれているベンジャミン・フランクリンが書いた、自分の修養のための『十三の徳』にいたく感心し、その十三項目一つひとつに対して和歌を作ったことだ。

たとえば、フランクリンは「節制」の項目では、「飽くほど食うなかれ。酔うまで飲むなかれ」と説いているわけだが、昭憲皇太后はこんな和歌で自身の気持ちを表している。

「春の花　紅葉の秋の　盃も　ほどほどにこそ　汲ままほしけれ」

## ●女子教育に尽力

昭憲皇太后は女性教育には極めて熱心であられた。明治八年（一八七五）、後の女高師の東京女子師範創立の際には五千円を寄付し、開校式にも行啓された。その時に与えた和歌が今も有名な、

「磨かずば　玉も鏡も　なにかせむ　学びの道も　かくこそありけれ」

である。明治十八年（一八八五）には華族女学校、学習院女子部が創設された。ここでは昭憲皇太后はわざわざ女子教育に関する、天皇でいえば勅語にあたる令旨を下された。

そして、有名な「金剛石」と「水は器」という詩を贈られた。

「金剛石も磨かずば玉の光はそわざらん　人も学びてのちにこそ真の徳はあらはるれ……」

「時の針の絶え間なく回るが如く　時の間の日陰惜しみて励みなばいかなる技かならざらん」

「水は器に従いてその様々になりぬなり　人も交わる友により良きに悪しきにうつるなり己に勝る良き友を選び求めてもろともに　心の駒に鞭打ちて学びの道に進めかし」

だが、こうした教養の高さだけが昭憲皇太后の持ち味ではない。先祖を敬う心に溢れていたことも、国民から敬愛された大きな理由となっていた。神武天皇の畝傍山、後醍醐天皇の吉野、橿原神宮など、本来体が丈夫ではないのにもかかわらず、非常に熱心に訪ねられた。

昭憲皇太后は社会事業にも熱心であった。明治十年（一八七七）に博愛社、後の日本赤十字社が設立されると、毎年五千円を寄付した。赤十字社の綱領にも自らの意見で、天災発生時には赤十字社が出動し被災者を助ける旨の項目を天災救護施行の社則の中に加えている。

このように数々のエピソードを残している昭憲皇太后だが、赤十字にかかわることでさらに付け加えれば、明治四十年（一九〇七）、万国赤十字大会がロンドンで開催された際、ヴィクトリア女王に対し盛会祈念を伝えると、後日、ヴィクトリア女王本人からお礼の返事をもらっている。その後、ワシントンで赤十字大会が催された時は、平時の救護事業として十万円という大金を寄付している。

また、日清戦争時には女官に命じて、消毒業務を行わせるために病院に行啓した。使用する包帯は女官たちに作らせたものであったという。

## ●夢枕に立った坂本龍馬

残念ながら、昭憲皇太后は子供には恵まれなかったので、大正天皇は明治天皇の典侍の柳原愛子（なるこ）（二位の局）から生まれた。その大正天皇の妃候補となったのが九条家と一条家であった。昭憲皇太后は迷わずこう言われた。

「私は一条家から出ています。二代続いては悪いから、九条家にしなさい。一条家には辞退してもらいなさい」

また、あまり知られていないが、幕末の風雲児・坂本龍馬（りょうま）の名前が一躍メジャーになったのは昭憲皇太后のおかげでもあった。

明治三十七年（一九〇四）二月、日露戦争開始の前夜、戦いの行方を大変気に懸けていた昭憲皇太后の夢枕に出てきたのが坂本龍馬で、龍馬から「来る日本海海戦は必ず日本が勝つべし」との言葉を得たという。これを聞いた明治天皇は大変喜ばれ、新聞記事にもなって、国内は大いに盛り上がった。それまで坂本龍馬は日本史の中でまったくマイナーな存在であったのが、これで一気に歴史上のヒーローに扱われるようになったのである。それは、いかに昭憲皇太后が国民に影響をもたらしたかの証左でもあった。

## ●金子堅太郎邸に行啓

当時、昭憲皇太后がどれほど日露戦争を心配していたかを物語るエピソードがある。

開戦前、その覚悟を決めた総理大臣伊藤博文はハーバード大学でセオドア・ルーズベルトと同級生だった側近の金子堅太郎をあらかじめアメリカに送ることにした。戦況に応じて機敏な交渉をさせる目的である。

その金子堅太郎の家に昭憲皇太后が行啓しているのだ。

「戦争を行えば途中で仲裁する人が必要です。お役目よろしく頼みます」

その慧眼もさることながら、すぐに行動に移せるフットワークには驚かされる。

さらに昭憲皇太后は、自分の護衛役の武官長・大林少佐に、原隊復帰を勧めた。

「こういう重要な戦いの時です。立派な将校が自分のところについているのはもったいないですから」

大林少佐は師団に戻り、第二連隊長として分水嶺で華々しく戦死した。もちろんその葬儀には幣帛を賜っている。日露戦争時にも昭憲皇太后は赤十字活動に熱心で、包帯はじめ医療品、義眼、義足等に至るまで多くの支援を行ったという。

教育の方面においては、明治四年（一八七一）に岩倉使節団に同行しアメリカ留学が決まった北海道開拓使の若い女性たちを渡米直前に呼んでいる。

留学生に選抜されたメンバー、吉益亮子、上田貞子、山川捨松（後の大山元帥夫人）、永井繁子、津田梅子などを前にして、昭憲皇太后が「日本婦人の恥にならぬように頑張ってください」と言葉をかけた。

その後、このメンバーはそれぞれ皆立派な人生を歩んだ。津田梅子は昭憲皇太后の励ましを得たことを終生忘れなかったと、後に述べている。大山元帥と結婚した山川捨松も社会事業で大変な貢献をみせた。

その頃の昭憲皇太后がいかに尊敬され、その励ましの言葉が少女たちの心持ちをいかに揺り動かしたかが窺い知れよう。

## 27 明治天皇に殉じた夫と夫に殉じた妻、その生涯——乃木静子

**乃木静子（のぎしずこ　一八五九～一九一二）** 薩摩藩侍医・湯地定之の四女。母貞子も薩摩藩士・池田家の娘。旧姓は湯地お七。十四歳の時に東京に転居、麴町女学校に通う。二十歳で乃木希典と結婚。三男一女を授かるが、下の二人は夭逝する。日露戦争で二人の息子を失う。明治天皇の葬儀の日、天皇を慕って切腹した夫のあとを追って自刃。軍神の妻として生をまっとうした。

### ●悲惨な新婚生活

乃木希典陸軍大将の妻静子は、戦前、良妻賢母の典型として日本国民の尊敬を集めた。静子についての伝記は、まさしく軍国の妻として称えたものから、乃木家に嫁いだ悲劇の人生のごとく書かれた小説まで数々出版されたが、真実はその中間にあると私自身は思っている。

長州藩士の乃木希典であったが、西南戦争の途中に当時の許婚から婚約解消の通知が来たり、自分の嫁になるだろうと思っていた人が自分の母親と反りが合わなかったりで、なぜか長州の女性とはうまくいかなかった。

長州の女性に恐れのような感覚を抱いていたらしい乃木は、「薩摩の女子を嫁にもらいたい」と言い出し、陸軍の伊地知幸介の紹介により、薩摩藩士の娘お七、のちの静子と結婚することになった。

ところが、結婚当初の乃木は連日柳橋の花街に泊まり歩き、その軍資金は自分の持ち家を売って捻出するほど豪快に遊んだ。

なぜ、結婚したのにそうまで遊びたがるのか？　このあたりは心理学の対象なのかもしれない。もっとも当時の日本の男は、オカネや女性に対していまのモノサシで測ってはいけないとも思うのだが、乃木の場合は度を越していた。

しかも乃木はいわゆる「お母さん子」だった。母親の寿子は長州下級藩士の夫希次を助け、貧しい家計ながら希典たちを立派に育て上げた女丈夫だった。

しかし、寿子は姑としては最悪の部類にはいった。

ひとことで言えば、お七は大変な新婚生活を強いられた。乃木家にはお七が嫁に来るまでは女性の使用人を一人雇っていたのだが、彼女を辞めさせ、姑の寿子は炊事、裁縫、洗濯、親戚との応対などすべてを新米の花嫁に押しつけた。乃木家は元来質素な家系で、たとえばお湯についても、寿子が白湯を飲めば、他の者はみんな水を飲むという按配(あんばい)であった。

乃木自身も妻に対する思いやりはみられず、出勤前は「行ってまいります」、帰宅後は「ただいま戻りました」ととにかく寿子には律儀に挨拶するのに対して、妻のお七はまったく無視された。強いてそのころ花嫁が主人からもらった言葉といえば、「お七という名前はおかしいので、静子にしたらどうか」で、以降、お七は静子と名乗るようになったという。

家庭内のこまかなことは小説にもさまざま書かれているけれど、ときには温順な性格の静子も、姑を「鬼」呼ばわりしたことがあったらしい。

静子の実家の湯地(とうち)家は厳格ではあったものの、静子の長兄・湯地定基(さだもと)はアメリカに留学しているし、嫁ぐ前の静子に英語をマスターさせるような開けた家風であった。そのような家に育った静子にしてみれば、乃木家は時代遅れで、古めかしく、理不尽に厳しいところと強く感じたことだろう。

長男の勝典を産んだ後、姑との確執に我慢ができなくなった静子は離婚を考えたこともあった。留学帰りで黒田清隆(きよたか)に師事していた長兄が見かねて、「妹をもう少し常識的に扱ってほしい」と申し入れたこともあり、一年半ほど姑と別居することになった。

明治二十年（一八八七）に戦術研究のためドイツに留学してから、乃木は非常に謹厳になったとはいわれるものの、妻の静子に対しては、相変わらず思いやりがなかったようだ。

四国の善通寺師団長の時代、東京に残された静子は夫にたびたび手紙を送るが、返事が来ないこともあり、静子は松山まで出向いた。しかし、乃木は静子に会わず追い返したり、間を取り持つ人物がいる時には渋々顔を見せて挨拶するといった冷たさであった。姑の厳しさはさておき、乃木がなぜ嫁に対してそうまで辛く当たるのか、そうした乃木の行動はなかなか理解しがたいものがある。

## ●台湾にまで帯同した姑

日清戦争で歩兵第一旅団長として武勲をあげた乃木は出世する。明治二十九年（一八九六）には第三代台湾総督に就任した。当時の台湾は瘴癘(しょうれい)の地であり、家族の帯同は危険だと周囲はみな止めたが、静子のみならず姑の寿子も同行すると言い張ってきかない。

帯同を勇気ある決断と受け止められた昭憲皇太后から励ましのお言葉をかけられた二人は感激したが、周囲は「静子夫人の帯同はわかるが、なにも老人の姑が付いていくことはないのに」と訝っていたという。

図らずも、姑の寿子は台湾で倒れて亡くなってしまう。誇張があるかもしれないが、伝記『軍神の妻』という本にはこう書かれている。

「将軍と静子夫人が、この際における心痛は、他所の眼にも痛々しいばかりであった。将軍は病室のベッドの枕頭に椅子を置いて、そこに軍服のまま端然と腰をかける。夫人は、例の木綿紋服に袴をつけて、同じく裾の方に控えている。将軍はそれでも公務は欠かさず毎朝定刻には登庁するが、静子夫人は、昼夜一刻でも病床を離れることはない。痛い痒いの撫で擦りから、大小便の世話、食滋薬用の給仕、看護婦の手はほとんどかりないまでに、独りで引き受けて、その間には、端然として膝も崩さず、頭を垂れて控えている。昼は終日、夜は夜もすがら、一睡だもとらぬままで、ひたすら介抱の手を尽くした。看護婦や、総督府の官吏などが、多勢交替で看病に来てはくれるが、誰もこの厳格の態度と、至誠の介抱には呆気にとられて、外から手の出しようもなかった。まったく見る人聞く人も、将軍夫妻の行いを以て人間業とは信じないまでの熱誠を込めていた」

寿子が亡くなると、今度は大変な看病を続けた静子が倒れ東京の赤十字病院に入院した。その後北辰事変で日本軍が北京を占領した際、かつての部下だった将校が分捕り品を日本に持ち帰り、その責任をとった乃木は休職時代にはいった。親類から譲り受けた那須の地で静子相手に百姓仕事に従事した。

## ●日露戦争で二人の息子を亡くす

ところが、日露戦争が起きると乃木は陸軍に呼び戻され、近衛師団長となる。長男の勝典が歩兵中尉・第一師団、次男の保典は歩兵少尉・第一連隊で出征する。そして、勝典が金州南山で戦死を遂げる。

このころの静子はどこかオカルトがかっており、勝典戦死の頃は隣の部屋で勝典が本を読んでいる声が聞こえたとか、キツネが騒ぐ音が聞こえたとか、不吉なことを語っている。勝典戦死の一報がはいった直後に重傷との訂正があったが、その後、治療の甲斐なく死亡した。そのときに現地の乃木大将から電報が届いた。「カツスケナンザンニメイヨノセンシ、マンゾクス、ヨロコベ、イサイフミ、マレスケ（勝典南山に名誉の戦死、満足す、喜べ、委細文、希典）」。その文面のあまりのそっけなさに、静子は悄然とした。

勝典戦死の知らせを聞いた静子はその場に泣き崩れて、ハンカチを何枚も食いちぎるほどであった。長男の勝典を育てる時には姑との確執もあって、あまり可愛がることができなかったという後悔が静子に押し寄せたからである。生前、勝典が食べたがるものを食べさせてやれなかったなど、後悔があとからあとからわいてきた。武人の妻として、人前で挨拶できるようになったのは三か月後くらいからだったという。

その後、乃木大将が第三軍を編成し、旅順（りょじゅん）を攻めた。周知のとおり、旅順は落ちなかった。戦死者は増えるばかりで、「乃木は何をやっているのだ」という声が東京中にわき起こった。あるとき、乃木家のそばで制服姿の現役将校が夫の悪口を言っている姿を間近に目撃した静子は驚き、目覚める。このことをきっかけに、静子は真の軍人の妻になったのかもしれない。

静子は信心深く、易者に凝るような、古いタイプの女性であったともいわれている。伊勢神宮に参拝しすみやかな旅順陥落を祈ったあと、恍惚（こうこつ）とし夢幻境に入ったような状態になった静子の耳に神様の声が聞こえてきた。「息子は二人とも取り上げるが願いは叶えてあげよう」。静子は、「とにかく旅順を落としてください。代わりに夫子供は奉りますから」と返したという。

出征前から乃木大将は静子に対して、「一人や二人は死んでも葬式は出すな。お棺が三つ揃うのを待て」と悲壮な覚悟を語っていた。これは乃木家を訪れた人たちも聞いている。これは私心なき軍人の乃木大将の本音だが、周囲からは「残った次男の保典少尉を危ない方面に出すな」と働きかけがあったようである。

というのは、乃木家に限らず、当時長男の存在は非常に重要で、長男はなるべく死なせない、兵隊にとらないという風潮の強い時代だったからだ。にもかかわらず、乃木家では長男が戦死、次男まで死なせては家系が絶えてしまう。当時の感覚としては乃木家でなくとも、そうした話は枚挙にいとまがなかったはずである。

以上のような配慮から、後方支援に回された次男の保典はやがて幕僚になる。本来、最前線で戦わない幕僚は比較的安全なのだが、いよいよ激戦となると保典は伝令役を務めることになり、砲弾に打たれて即死した。

静子のもとに、二人目の息子・保典が旅順二百三高地で戦死との通知が届いた。長男の時あれだけ嘆き悲しんだ静子は、「旅順を落とすためならば、致し方ありません」とまったく取り乱さず、予めわかっていたかのように息子の死を受け入れた。このあたりから、静子は裏も表もない聖人の様子になったといわれる。

## ●明治天皇大葬の日に夫に殉じる

後日、日露戦争から凱旋した乃木大将に大勢の出迎えの人の中ではじめて手をとられた静子は、「軍神の妻」として晴れがましさに浸った。これが乃木大将が人前で妻に愛情を示した最初で最後のことであったかもしれない。

その後はしばらく平和な時代が続いた。静子も芝居に行ったり、着物を買ったり、普通の上流階級の女性のような生活をした。そして姉の娘で可愛がっていた子の結婚に際しては細かな心得を書き渡している。「常の心得」としては〝淑徳〟を第一にすすめ、〝色を以て男に事ふるは妾のことにして心を以て殿御に事ふるは正妻の御務に候……〟など箇条書きになっている。このほかに「閨の御慎のこと」として数か条、具体的に性生活に触れる教えを与えている。その中で色気は十分あってもよいが、「色は乱れ易きもの」で愛想をつかされることもあると指摘し、事が終わったら寝室を別にせよ、とか、夫が要求したら昼でも拒むな、とか、極めて具体的である。これが戦後公表されて話題になった。

明治四十年（一九〇七）、乃木大将は明治天皇の意を受け、学習院の院長に就任した。それは「乃木も二人の息子を亡くして寂しかろうからたくさんの子供を預けよう」という明治天皇の思し召しによるものであった。

そして、運命の日がやってくる。明治四十五年（一九一二）七月、糖尿病を患っていた明治天皇が逝去。同年九月十三日、明治天皇大葬の日の夜、天皇の真影を飾り、香が漂う赤坂の自宅二階八畳間に乃木夫婦はいた。

乃木大将は大礼服、妻の静子は白襟、無紋の黒服姿だった。乃木大将は静子が注いだ葡萄酒を飲んだあと切腹。静子は短刀に白紙を巻き、心臓を突いた。六十四歳の乃木大将は明治天皇に殉じ、五十四歳の静子は夫に殉じた。

「出でまして　かへります日の　なしときく　けふの御幸に　逢ふぞかなしき」

自刃の前日に詠んだ静子の辞世の句である。

その後、静子は質素、謙譲を信条とする良妻賢母の代表として尊敬を受ける存在となった。

## 28 反戦思想でしか語られない歌詠みの真の姿とは――与謝野晶子

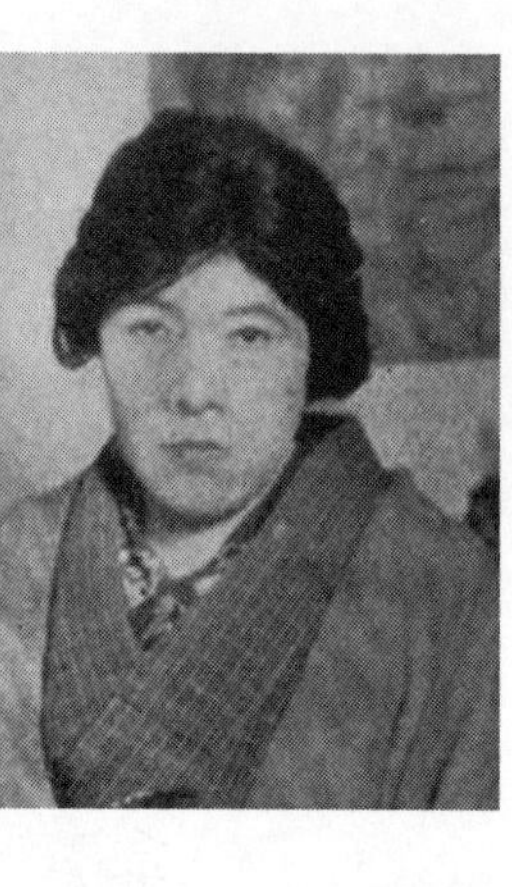

**与謝野晶子**（よさのあきこ　一八七八～一九四二）旧姓は鳳志（ほうし）やう。与謝野鉄幹の妻。明治から昭和期に活躍した浪漫派歌人、作家、思想家。自民党衆議院議員・与謝野馨は孫。大阪堺の老舗和菓子屋の三女。ファンだった与謝野鉄幹に恋し上京。雑誌『明星』に発表した歌集『みだれ髪』で一世を風靡する。長詩「君死にたまふことなかれ」が危険思想を帯びていると世論の非難を買う。十二人を出産した子だくさんとしても知られる。

### ●歌集『みだれ髪』に酔った若者たち

歌人の与謝野晶子は大阪堺の老舗（しにせ）和菓子屋の三女である。旧姓（本名）は鳳志（ほうし）やうといった。子供の頃から本好きで、父親の蔵書の古典に親しむ典型的な文学少女であった。堺女学校を出ると家業を手伝いながら、和歌に取り組むようになり、浪華（なにわ）青年文学会のメンバーとなる。

運命の人与謝野鉄幹と出会ったのは明治三十三年（一九〇〇）のことだった。売れっ子歌人であった鉄幹は雑誌『明星』を主宰しながら、北原白秋、石川啄木など浪漫派の詩人を見いだした名プロデューサーでもあった。そして、プレーボーイとしても鳴らしていた。

鉄幹との恋に落ち上京すると、志やうの才能は一気に開花した。明星に短歌を発表するチャンスを得ると、女性の奔放なエロチシズムを詠った歌集『みだれ髪』を刊行し、一大センセーションを巻き起こした。以降は与謝野晶子のペンネームで次々と作品を発表、当時の若者たちは彼女の歌に酔った。

こうして浪漫派歌人としてスターダムにのし上がった与謝野晶子であったが、歌壇の守旧派からはおおいに反発を受けた。

明治三十七年（一九〇四）に発表した「君死にたまふことなかれ」は反戦思想が強く、国家をないがしろにするものだとして、世間から集中砲火を浴びた。

### ●誤解を受けた「君死にたまふことなかれ」

しかし、これには大きな誤解があったと言わざるを得ない。

この『明星』に掲載された長詩「君死にたまふことなかれ」は、日露戦争の旅順包囲戦に従軍した自分の弟を心配して詠ったものである。三連目に「すめらみこは　戦ひに　おほみずからは　出ませね」、つまり、天皇陛下は戦争に自らお出になりませんとあることから、「国よりも家が大事なのか」と顰蹙を買ったわけであるが、これは反戦というよりも、むしろ銃後にいる女性の哀しみの歌といえる。

非常に重要なのは、戦争の最中に、「君死にたまふことなかれ」という詩を作っても、政府がまったく干渉しなかったという点である。それは、これが町人の女の歌だという認識があったからだ。当時の政府は武士上がりの人で占められ、言うなれば武家政権と同じような感覚があった。

武家というのは戦争を使命と思うような伝統の中で育っているから、大阪の町人の娘があのような歌を詠ったからといって、まったく頓着しなかったのである。そういうことにいろいろと難癖をつけるようになるのは、武士の伝統がなくなって以降の話だと思う。

晶子は別に反戦主義者でもなければ反愛国主義者でもない。

「水軍の　大尉となりて　わが四郎　み軍にゆく　たけく戦え」

これは晶子の四男が海軍大尉として出征する際に詠んだ歌だが、当時の母親としての心情を伝えている。「君死にたまふことなかれ」でしか晶子を知らない人たちには、ぜひとも知ってもらいたい歌である。

## 29 明治の元勲・桂太郎を盛り立てた天下の〝あげまん〟――お鯉

**お鯉（おこい　一八八〇～一九四八）** 本名安藤照（てる）。お鯉は芸者名。歌舞伎役者の市村羽左衛門と結婚するが、すぐに離婚。日露戦争の最中、山県有朋（やまがたありとも）らの計らいで、時の総理大臣桂太郎の愛妾となる。ポーツマス条約の結果を受けて桂が民衆から一斉糾弾されると、お鯉も国賊として暴徒の標的となった。桂の死後も、桂の落胤の面倒を一身に引き受ける。晩年は尼僧妙照尼となり、目黒の羅漢寺の面倒をみる。

### ●天下のあげまん

お鯉（こい）は芸者名で、本名は安藤照（てる）という。お鯉を愛妾としたのは明治の元勲（げんくん）桂太郎であった。

日露戦争が始まった時の総理大臣であり、軍人出身の桂は日清戦争において師団長として大きな手柄を立てた男である。だが、その桂にして日露戦争の最高責任者の任は重く、憔悴（しょうすい）の毎日だった。

それで桂に女性をつけてリラックスさせようと、山県有朋（やまがたありとも）や伊藤博文が一計を案じた。昔のことだから、話のわかる人がいっぱいいたということだ。山県たちは、当時、美人かつ気っぷのよさで新橋一と評判のお鯉を選んだ。

お鯉は明治十三年（一八八〇）、東京四谷の裕福な漆器（しっき）問屋に生まれる。実家が左前となると、花柳界へ入り、新橋芸者となる。一度歌舞伎役者と結婚したが破局、再び新橋芸者に戻った。

それでお鯉と桂太郎を引き合わせたのが陸軍大将児玉源太郎であった。一緒に暮らすようになると、周囲の思惑どおり、桂はみるみる元気になってきた。日露戦争にも勝利した。お鯉は天下のあげまんだったわけである。

## ●日露戦争続行に反対した桂

日露戦争終盤、児玉源太郎大将は同じ長州閥の伊藤博文に、もうこれ以上は戦えないと打ち明けた。「いくら戦地に兵隊を送っても駄目です。進めと指揮する将校がほとんど死んでいますから」

将校は武士出身だから、当時は指揮者として最初に突っ込んでいったから、死ぬ確率がもっとも高いわけである。

「だから、戦いを早くやめてください」と悲痛に訴える児玉の申し入れを伊藤博文は受け入れ、桂に伝えた。

ところが当時の世論は、もうロシアに勝った勝ったとおおいに盛り上がっていた。実際、日本海海戦は大勝利を収めていたし、陸の戦いにおいても、難攻不落の旅順を陥落させ、奉天会戦でも大勝し、このままどんどん進めというムードだったから、ここで戦いをやめることは世論を敵に回すことに等しかった。当然、伊藤は閣議でも猛反対を食らった。

一方の桂も、世論の戦争続行の声に憔悴し切っていた。夏の夜、閣議から帰宅した桂が蚊帳の中で講和条約に関する書類を読んでいると、来訪者があった。ほかならぬ伊藤博文であった。伊藤から「戦争をやめることにようやくみんなを説得したぞ」と伝えられると、二人は手を取り合い、涙を流して喜んだ。その時に蚊帳が大きく揺れ動き、蚊帳に蠟燭の火がついて、それを揉み消すために自分は火傷を負ったと、後年、お鯉が書き残している。

その時に早速天皇陛下にご報告に行かねばならない。夜だから大礼服でなく、お鯉は桂に袴（はかま）を着せた。非常のこともあるかもと思い、自分は桂の新しい袴を用意していたけれど、その袴をはかせることができたとも自慢している。

桂太郎は陸軍師団長として各地を回っていた時に、何人かの子供をもうけている。当時の師団は二県か三県に一つしか編成されなかったから、考えようによっては県知事よりも権威があった。当時は、師団長が妾（めかけ）に子供を産ませた場合は、県知事経由で金銭解決するのが一般的で、女性側もそれで了承していた。

ただし、自分の父親が総理大臣になったとなると話は別のようで、子供が二人名乗り出てきて、スキャンダルに発展した。だが、お鯉はこの二人を引き取ってきちんと育て上げている。

大正二年（一九一三）、桂太郎が没する。お鯉の将来を案じた桂は八万円を渡そうとしていたが、桂家のゴタゴタで五万円程度に減じられたという。だが、それでも大金である。

ところが、お鯉はやはり気っぷがいい。桂が地方に残した娘にカネを送ったり、自分のところに呼んで行儀作法を躾（しつ）けたりした。結婚する時は、自分がもらった五万円から一万円をつけて立派な青年に嫁にやった。

## ●「お鯉を殺せ」という怒号

日露戦争の話に戻る。戦争をやめ、日露講和条約の締結が決まると、世論は桂内閣を一斉に攻撃し始めた。新聞で桂の意見に賛成だったのは徳富蘇峰（とくとみそほう）の新聞『国民新聞』一紙のみであった。徳富蘇峰は政府最上部と親しく、内情を知っていたからだった。その徳富蘇峰の新聞社が襲われる。彼とその社員は刀とピストルで三日間も応戦し、新聞社を守った。

その後、小村寿太郎が全権大使として臨んだポーツマス条約の内容が期待に反して日本側に不利であったことから、民衆や右翼団体が怒り、日比谷焼き討ち事件が起きた。「国賊（こくぞく）桂の妾お鯉を倒せ」ということで、暴徒化した群集が赤坂の桂邸に押し寄せた。お鯉は使用人を皆帰してから、今度は自分の行き先を探すが、「お鯉を殺せ」という怒号が聞こえるなか、誰も引き受けてくれない。

それでも出入りの植木屋の若い職人が縄梯子（なわばしご）を作って持ってきてくれた。暴漢が押しかけてきた時、崖の上の家から縄梯子を伝い、下の家でその夜は過ごさせてもらった。翌朝家に戻ってみると、家の中は鉄砲の穴だらけであったという。

しかし、お鯉には他に行くあてがない。家の雨戸（あまど）を全部閉めて、植木屋がこっそりと届けてくれる食料と新聞で凌（しの）いだ。明かりもつけられない生活が二十日も続いた。

そんな危険な時期が続いている時、外出がままならない桂の代理人が訪ねてきて、一万円の手切れ金を持ってきた。お鯉は代理人に突っ返した。

「桂から直接もらうならともかく、代理のあなたからもらうわけにはいかない」

すると、桂から丁寧な手紙が届いた。結局、その時はカネはもらわなかったが、手紙は嬉しかったと、後年のお鯉は綴っている。

こうして振り返ってみると、お鯉の行動は実に筋が通っているし、感激させられることも多い。

ここで私が言い添えておきたいのは、幕末から明治維新にかけて活躍した人たちのお金の問題や女性問題に対して、現代の我々があまり目くじらを立てても仕方がないということである。全然感覚が違うのだ。

たとえば、高杉晋作は維新の原動力となった一人であったが、武器を買うために千両持って長崎に行き、その全額を丸山の女郎屋で浪費している。西郷隆盛にしても、流刑先の徳之島で女性に子供を産ませている。

維新の英雄たちにしても、だいたい皆離婚している。伊藤博文の妻も芸者であった。彼女については、お鯉も頭が下がるほど立派な人だったと言っている。

以上のように、今の感覚でお金に汚いとか、女にだらしないと糾弾（きゅうだん）したら、立派な人は一人もいなくなる時代だった。

そんな時代だったのである。

## 30 〝全欧に輝く日本女性、汎ヨーロッパの母〟――クーデンホーフ光子

**クーデンホーフ光子（みつこ　一八七四～一九四一）**旧姓青山ミツ。一八七四年、東京市牛込区納屋町で骨董商を営む大地主の青山喜八と妻ツネの三女として生まれる。一八九二年、オーストリア＝ハンガリー帝国駐日代理大使のハインリヒ・クーデンホーフ伯爵と結婚。夫の祖国へ渡った光子は地元の偏見に苦しめられる。夫の死後はクーデンホーフ家の当主となる。ウィーン社交界に登場、当時もっとも有名な日本人として名を馳せる。渡欧し亡くなるまで四十五年間、一度も日本へ帰ることはなかった。

### ●二人の息子を産んだあとに正式入籍

明治文化史の研究家として知られる木村毅にょれば、明治の社会史をいろどった国際ロマンスのヒロインが三人いるという。

一人はモルガン・お雪である。京都の祇園の芸妓がアメリカのモルガン財閥の一族のデニソン・モルガンに一目惚れされ結婚。夫の死後、帰国したお雪は、支那事変の際、軍に

ケタはずれの量の貴金属を供出した。第一次世界大戦中に夫と死別した後も、浮いた噂一つなく、カトリック信者として世を終えている。

二人目はラグーザ・お玉。工部大学校、美術学校教師として来日したイタリア人彫刻家のラグーザと結婚後、イタリアに渡ると、セントルイス万博で絵画部門（婦人の部）国際一等賞を受賞し、日本女流洋画家第一号となった。パレルモ工藝美術学校教授・同女子校校長にもなり、滞伊五十二年で帰国した。

そして三人目が、ここで取り上げるクーデンホーフ光子で、正式の名前はクーデンホーフ・ミツコ＝カレルギー伯爵夫人である。

この三人の日本人女性に共通するのは、異国に暮らしても日本に対する愛国心を強く抱き続けたことであろう。

さて、のちに伯爵夫人となる青山ミツ（光子）は、当時の日本人女性としては上背に恵まれた美貌の持ち主であった。裕福な家庭に育ったミツは、日本式でもっとも洗練された社交場・紅葉館にも傭われ、和風の典雅な行儀や踊りを学んで接客の要領を身につけた。

ミツの伴侶となったのはオーストリア＝ハンガリー帝国の代理大使として来日したハイ

ンリヒ・クーデンホーフ＝カレルギー伯爵である。今の人はピンとこないかもしれないが、ハプスブルク帝国であった同国は、第一次世界大戦前は現在の中央アジアのポーランド、チェコ、ハンガリー、オーストリアあたりを版図とした大国であった。

カレルギー家は木村毅によると、ハプスブルク家を天皇家にたとえれば、同家は近衛家にあたる重要な家であり、そこの御曹司が彼であったのだ。また、ハプスブルク家は代々さまざまな民族が混ざってきたことから、美男を多く輩出することで知られていたが、なかでもハインリヒ・クーデンホーフは際立った美男であった。

二人はあっという間に恋に落ちて、光子が十八歳の時に事実上結婚する。光子は長男のハンス光太郎、次男のリヒャルト栄次郎を産むが、正式に入籍したのは三年後のことであった。

そもそも二人のなれそめは、路面の凍結で落馬したハインリヒを光子が甲斐甲斐しく手当てしたことだといわれているが、真偽のほどは確かではない。

日本で結婚した二人は各地を旅行した。南米勤務時に現地最大のジャガーを討ち取った記録を持つハインリヒは、光子を連れて日露戦争以前の朝鮮に虎狩りに遠征したりしている。

光子は晩年夫を亡くしてから、次女のオルガに結婚後の自分や夫とのことを詳しく話している。日本や朝鮮を旅行したこと、オーストリア＝ハンガリー帝国に嫁ぐ途中に香港、シンガポールに寄港したこと、インド、エジプトを訪ね、ローマ教皇にも拝謁したことなどである。このオルガによる手記は長年チェコに保存されていたのを、シュミット村木眞寿美が苦労のすえ、『クーデンホーフ光子の手記』（河出書房新社）として訳した。これは日本女性の最初の海外旅行記になるであろう。

## ●カトリックの洗礼を受けた光子

夫のハインリヒに帰国命令が出て、子供とともに異国で暮らす覚悟を決めた光子は、昭憲皇太后に呼ばれ、皇后が使っておられた象牙の扇を渡される。

「異国にいても、日本人としての誇りを忘れないでください。また宮廷礼装はすそを踏んで転んだりすることがあるから気をつけるように」

光子はこの励ましのお言葉を一生大切にして生きようと思ったという。明治二十九年（一八九六）のことである。

二人の結婚生活で非常に重要なのは、クーデンホーフ＝カレルギー家がカトリック信仰であったことであろう。ハプスブルク家自体がカトリックで、一族の中には修道院長や女子修道院などに行っている女性も多くいた。元来仏教徒であった光子がすんなりと改宗した理由の一つを、のちに何気なくこう述べている。

「東京でコレラが流行ったとき、カトリックの神父様たちは乞食のようなコレラ患者の世話をされ、みんな聖人のようだった。かたやプロテスタントの方々やその奥様たちは、紳士か教授という感じでみんな涼しいところに転地していました」

その記憶が強烈だったから、光子は夫に言われるまま素直にカトリックになったのではなかろうか。また、手記にはこうも書かれている。

「自分は子供の時から父親の言われたとおりにするように育てられているし、結婚したら夫の言うとおりに従えと育てられているから、夫から見れば自分は子供のようなものだったのではないか」

カトリックの洗礼を受けた光子は、ローマ教皇レオ十三世に個人的に拝謁している。ハプスブルク家とレオ十三世は親しい間柄で、夫の一族の者がドイツ騎士団団長や教皇の侍従も務めたこともあり、特別な関係にあったからである。

それにしても、中世以来もっともカトリックの権威を高めたといわれる教皇レオ十三世に、当時差しで会った日本人は光子以外にいなかったはずである。また、光子はハプスブルク家の最後の皇帝、フランツ＝ヨーゼフ皇帝にも声をかけられている。

## ●帰国後に外交官職を断念した夫

時は前後するが、日本をあとにしたハインリヒ夫婦がボヘミアの実家に帰った時は大変な歓迎を受けた。城主様のご帰館ということで、町を挙げての大歓迎。祝砲を撃ち、凱旋門のアーチがつくられ、国旗が盛大に振られ、学校の先生、在郷軍人もみなうち揃っての大歓迎を受けた。

慣れない生活については、光子たちは夫一族の修道女たちに助けてもらった。パーティーに行く時には、夫はロスチャイルド家の銀行の金庫から宝石をいっぱい出してくれたけれど、光子にはその価値がわからなかったと晩年語っている。

しばらくボヘミアの実家で休暇の後、外交官であるハインリヒは次の赴任地のシンガポールに旅立つことが決まっていた。ところが、ハインリヒはそれまで自分の領土を預けていた管理人が、外交官のキャリアにすぐに戻るようしきりに勧めることに疑念を抱いた。

調べてみると、留守にしていた短期間に彼が凄まじい額の使い込みをしていたことが判明した。即刻その男をクビにしたが、今度は広大な領地、莫大な財産の管理を誰に任せればよいのかに悩んだ。

ハインリヒは外交官を続けることを断念した。ボヘミアに住むようになってから、二人はかつてのように旅行をしなくなった。理由はほとんど休みなしに光子が妊娠していたことで、光子は十四年間の結婚生活の間に七人の子供をもうけている。

ハインリヒは光子のために好きだった猟をやめた。夫が罪のない鹿を撃つことに光子が涙を流したからだが、オルガの手記によれば、自分の願いで夫はハンティングをやめてしまったが、そのために健康を害して四十代の若さで亡くなってしまったのではないか、むしろ夫の健康のためにはハンティングを続けさせたほうがよかったのではなかったか、と後悔している。

同じくオルガの手記によると、日清戦争終結時、中国とオーストリア政府の間に数億円におよぶ金銭問題が発生している旨の電報が北京からはいった。これをどうしたものかと夫は慌てて、オーストリアの友人に相談しようかどうかひどく迷っていた。その時、光子はこう言った。

「まずオーストリアの外務省に暗号電報を打って指示を仰いだほうがよいのではないです

か」

光子の言葉に納得したハインリヒがさっそく電報を打ってみると、自分たちが騒ぐべきことではなかったことがわかった。夫は自分のことを子供扱いしていたけれど、時には彼の役に立つこともあったと、謙遜しながらも光子は打ち明けている。

## ●ウィーン社交界の星となる

明治三十九年（一九〇六）五月、ハインリヒはヘビースモーカーだったせいか、急死してしまう。

彼はフランシスコ会の第三修道会に入会していた。亡くなる前に、自分の日記三十二冊を燃やすよう命じるが、一冊だけ十二歳の時の日記を残した。その日記帳に紙がはさんであり、彼の三つの誓いが書かれてあった。一つ、神に仕えること。一つ、光子を幸せにすること。一つは、貧しい人たちに施しをすること。すばらしく立派な夫であった。

彼の遺言はこうだった。ロンスペルクという名の城のあったところは、長男のハンス光太郎に贈る。そして、その他の莫大な領土、財産はすべて光子に譲る。子供の養育についてもすべて光子に任せる。

しかしこれは、当時の貴族社会の中では大事件であった。

光子が土地、財産の大半を譲り受ければ、野放図な使い方をするかもしれないし、光子におかしな男がまとわりついて財産を失うかもしれない。また光子は日本人だから、財産を売却して日本へ戻ってしまうかもしれない……等々。ハインリヒがそのような内容の遺言状を残したのは、死ぬ前に彼が認知症を起こしていたからであり、妻の光子はハインリヒが残した資産を管理するには足りないなどとして、一族から訴訟を起こされた。

それに対して、これまで人形のようにただ可愛がられるだけの姿しか見せていなかった光子は敢然として立ち向かった。最高の弁護士を雇って、裁判に勝利した。もともと頭脳明晰であった光子は、その後、農場管理、財産管理、使用人の管理を見事にやってのけた。

さらに、光子は伯爵夫人として、ウィーンの社交界にデビューした。紅葉館で鍛えた社交性もあるし、貴族の生活にも慣れている。ウィーンの社交界はさまざまな民族を抱えたハプスブルクの貴族社会である。日本の若い美人はたちまちウィーンでもっとも輝ける〝社交界の星〟となった。

一説によれば、フランスのゲラン社の有名な香水である「MITSOUKO（ミツコ）」も彼女にちなんでつくられたものだという。それぐらいミツコの名声はヨーロッパ中で囁かれていたのである。これはある意味では日本女性の快挙といっていいだろう。

## ●欧州連合の提唱者となった次男リヒャルト

光子が社交界で華々しい活躍をみせているとき、次男で十九歳の大学生リヒャルトが当時全欧の四大女優の一人といわれたイダ・ローラン（当時三十三歳）に誘われて、恋仲になって家を飛び出してしまう。大女優の付き人みたいな生活をしながらもリヒャルトは勉強も続けてウィーン大学より学位を得、光子とも和解した。光子はイダとは終生和解しなかったが、イダはリヒャルトに対してはよいパートナーであり続けた。

そのリヒャルト（リヒャルト・栄次郎・クーデンホーフ＝カレルギー伯爵）は第一次世界大戦後、欧州統合の必要性を主張し、汎ヨーロッパ思想を訴え、一躍注目を浴びた。これがのちのＥＥＣ、ＥＣ、ＥＵのヨーロッパ統合にまっすぐ続くことになる。第一次世界大戦後に通貨統一論まで具体的に論じることができたのはリヒャルトだけであった。当時から汎ヨーロッパ思想は高く支持され、ヒトラーが登場するまでは大変な勢力を保持していた。

そんな経緯から、光子は「汎ヨーロッパ主義の母」と言われるようになる。

子供たちによれば、光子は最後まで日本人であったという。日本人として昭憲皇太后の教えを守ったという誇りを持っていたのであろう。

しかし、夫の命に沿って、子供の教育は百パーセント、オーストリア人として育てた。子供たちはみな優秀で、七人の子供のうち五人がモノを書く仕事に就いた。

明治の庶民出の日本人女性がヨーロッパの名門家に嫁いで、しかも、社交界の星となった。次男のリヒャルトは、今のヨーロッパ連合の基礎となる思想を構築し、その後、アデナウアーやチャーチルなども受けたシャルルマーニュ賞の第一回受賞者となっている。ノーベル平和賞にも三度ノミネートされたが受賞に至らなかったのは、彼が有名な旧ソ連嫌いで共産主義嫌いだったためではないかといわれている。

光子についてもっとも古く伝えたのは、昭和七年（一九三二）十二月の雑誌『日の出』（新潮社）である。それは、外交官・御厨信光（みくりやのぶみつ）の筆により、「全欧に輝く日本女性。汎ヨーロッパの母、光子夫人」というタイトルで光子の活躍を紹介している。

## 【主な参考文献】

西村茂樹・編 宮内省蔵版『婦女鑑』全6巻（吉川弘文館・明治38年）
久保田辰彦・著『日本女性史』（弘道館・大正3年）
澤田撫松・著『大正婦人立志傳』（大日本雄辯會・大正11年）
高群逸枝・著『大日本女性史』（厚生閣・昭和13年）
高群逸枝・著『女性二千六百年史』（厚生閣・昭和15年）
高群逸枝・著『増補・大日本女性人名辭書』（厚生閣・昭和17年）
本間久雄・著『婦人問題』（東京堂・昭和22年）
松波治郎・著『おんな日本史』全3巻（妙義出版・昭和31・32年）
渋川久子・吉見周子・板垣弘子・山下愛子・渡鏡子・佐藤靄子・土岐迪子・著『近代日本女性史』全7巻（鹿島出版会・昭和45年）
中江克己・著『日本史の中の女性逸話事典』（東京堂出版・平成12年）
仙堂弘・著『日本史をつくった女たち』（水曜社・平成16年）
梓澤要・著『ヒロインの日本史』（KKベストセラーズ・平成18年）
大久保四州・著『軍神の妻』（小林川流堂・大正7年）
菊池又祐・著『人間乃木と妻静子』（大平観光出版局・昭和46年）

福岡徹・著『華燭——乃木静子の生涯』（文藝春秋・昭和46年）
安藤照・著『お鯉物語』（福永書店・昭和2年）
安藤照・著『続お鯉物語』（福永書店・昭和2年）
木村毅・著『クーデンホーフ光子伝』（鹿島研究所出版会・昭和46年）
シュミット村木眞寿美・編訳『クーデンホーフ光子の手記』（河出書房新社・平成10年）
國史大辭典編集委員会・編『國史大辭典』（吉川弘文館）
物見高見・編纂『廣文庫』（大正5年）

**【肖像画・写真等資料出典一覧】**

1 イザナミノミコト…尾形月耕・画「伊邪那岐伊邪那美二神 立天浮橋圖」（国立国会図書館所蔵）
2 天照大神…松本楓湖・画「天照大神と須佐之男命」（広島県立美術館所蔵）
3 弟橘姫…菊池容斎・画「弟橘媛」（菊池容斎『前賢故実』所収、国立国会図書館所蔵）
4 神功皇后…歌川芳虎・画「武者かゞみ 一名人相合 南傳弐」（国立国会図書館所蔵）
5 衣通姫…菊池容斎・画「衣通郎姫」（『前賢故実』所収、国立国会図書館所蔵）
6 光明皇后…菊池契月・画「光明皇后」（長野県立美術館所蔵）
7 紫式部…歌川国貞・画「本朝名異女図鑑」（国立国会図書館所蔵）

8　北条政子…菊池容斎・画「平政子」（『前賢故実』所収、国立国会図書館所蔵）
9　静御前…菊池容斎・画「静」（『前賢故実』所収、国立国会図書館所蔵）
10　巴御前…菊池容斎・画「鞆繪」（『前賢故実』所収、国立国会図書館所蔵）
11　池禅尼…「池禅尼」（新人物往来社『図録「日本史の人物」2000』より転載）
12　松下禅尼…菊池容斎・画「松下禅尼」（『前賢故実』所収、国立国会図書館所蔵）
13　板額…歌川国芳・画「賢女烈婦傳」（都立中央図書館所蔵）
14　阿野廉子…「三位局藤原廉子真影」（栗原信充『先進繡像玉石雑誌』所収、国立国会図書館所蔵）
15　日野富子…「日野富子御木像」（宝鏡寺所蔵）
16　武田勝頼の妻…「武田勝頼・室北条氏・息信勝画像　模写」（東京大学史料編纂所所蔵）
17　北政所…「高台院像」（高台寺所蔵）
18　前田利家の妻…「絹本著色前田利家・同夫人画像」（桃雲寺所蔵）
19　淀殿…「伝淀殿画像」（奈良県立美術館所蔵）
20　山内一豊の妻…「見性院画像」（高知県立高知城歴史博物館所蔵）
21　春日局…狩野探幽・画「春日局像」（麟祥院所蔵）
22　東福門院和子…「東福門院和子像」（光雲寺所蔵）
23　皇女和宮…国立国会図書館「近代日本人の肖像」（https://www.ndl.go.jp/portrait/）

24　桂昌院…藤野正観・画「桂昌院御影」（善峯寺所蔵）
25　加賀千代…歌川国芳・画「賢女烈婦傳」（都立中央図書館所蔵）
26　昭憲皇太后…スミソニアン国立アジア美術館所蔵品
27　乃木静子…国立国会図書館「近代日本人の肖像」（https://www.ndl.go.jp/portrait/）
28　与謝野晶子…国立国会図書館「近代日本人の肖像」（https://www.ndl.go.jp/portrait/）
29　お鯉…安藤照『お鯉物語 続』（福永書店）より転載
30　クーデンホーフ光子…『[最新] 新しい日本の歴史』（育鵬社）より転載
※本書収録の肖像画・写真等は、以上の資料等を元に、その一部分を収録させていただきました。

渡部昇一（わたなべ しょういち）

1930年10月15日、山形県生まれ。上智大学大学院修士課程修了。ドイツ・ミュンスター大学、イギリス・オックスフォード大学留学。Dr.phil.(1958)、Dr.Phil.h.c (1994)。上智大学教授を経て、上智大学名誉教授。その間、フルブライト教授としてアメリカの4州6大学で講義。専門の英語学のみならず幅広い評論活動を展開する。1976年第24回エッセイストクラブ賞受賞。1985年第1回正論大賞受賞。英語学・言語学に関する専門書のほかに『知的生活の方法』（講談社現代新書）、『古事記と日本人』（祥伝社）、『渡部昇一「日本の歴史」（全8巻）』（ワック）、『知的余生の方法』（新潮新書）、『決定版 日本人論』『人生の手引き書』『魂は、あるか？』『終生 知的生活の方法』（いずれも扶桑社新書）、『「時代」を見抜く力』（育鵬社）などがある。2017年4月17日逝去。享年86。

扶桑社新書　480

決定版・日本史［女性編］

発行日 2023年11月1日　初版第1刷発行

著　　者………渡部 昇一

発 行 人………小池 英彦

発 行 所………株式会社 育鵬社
〒105-0023　東京都港区芝浦1-1-1　浜松町ビルディング
電話　03-6368-8899(編集)　http://www.ikuhosha.co.jp/
株式会社 扶桑社
〒105-8070　東京都港区芝浦1-1-1　浜松町ビルディング
電話　03-6368-8891(郵便室)

発　　売………株式会社 扶桑社
〒105-8070　東京都港区芝浦1-1-1　浜松町ビルディング
(電話番号は同上)

ＤＴＰ制作………株式会社　明昌堂

印刷・製本………中央精版印刷株式会社


Printed in Japan　ISBN978-4-594-09599-4